기획하는 사람, MD

상품을 기획하고 경험을 설계합니다

기획하는 사람, MD
상품을 기획하고 경험을 설계합니다

2021년 6월 28일 초판1쇄 발행
2024년 8월 12일 초판4쇄 발행

지은이 허윤

펴낸이 김은경
펴낸곳 ㈜북스톤
주소 서울특별시 성동구 성수이로7길 30, 2층
대표전화 02-6463-7000
팩스 02-6499-1706
이메일 info@book-stone.co.kr
출판등록 2015년 1월 2일 제2018-000078호

'쏘스'는 콘텐츠의 맛을 돋우는 소스(sauce), 내 일에 필요한 실용적 소스(source)를 전하는 시리즈입니다. 콕 소스를 찍어먹듯, 사부작 소스를 모으듯 부담 없이 해볼 수 있는 실천 가이드를 담았습니다. 작은 소스에서 전혀 다른 결과물이 나오듯, 쏘스로 조금씩 달라지는 당신을 응원합니다.

북스톤은 세상에 오래 남는 책을 만들고자 합니다. 이에 동참을 원하는 독자 여러분의 아이디어와 원고를 기다리고 있습니다. 책으로 엮기를 원하는 기획이나 원고가 있으신 분은 연락처와 함께 이메일 info@book-stone.co.kr로 보내주세요. 돌에 새기듯, 오래 남는 지혜를 전하는 데 힘쓰겠습니다.

003

기획하는 사람, MD

sauce
as a
source

내 일에 필요한
소스를 전합니다

허   윤 지음

북스톤

요즘 MD

모든 일이 그렇지만 자신의 일에 대해 이야기하는 데에는 나름대로 큰 용기가 필요하다는 것을 책을 쓰면서 알았다. 글을 잘 쓰고 못 쓰고는 둘째 문제였다. 그럼에도 내가 해온 일과 경험, 생각을 기록으로 남기는 시도를 할 수 있었던 것은, MD이자 브랜드 기획자로 일해온 경험과 시간 덕분일 것이다.

MD는 단순히 어떤 상품을 팔지 정하고 고객의 구매를 돕는 사람이 아니라, 0에서 1을 만들어내는 기획자이자 크리에이터의 감각을 갖춰야 하는 사람이다. 눈에 보이는 것을 팔아야 하지만 결국 눈에 보이지 않는 것을 고객에게 팔 수 있어야 한다. 우리는 이것을 '가치'라는 말로 부른다.

MD가 어떻게 고객의 니즈를 파악하는지, 어떻게 제품을 상상하고 만들어내는지, 어떻게 경험을 설계하고 설득하는지에 따라 제품과 브랜드의 가치는 무한대로 변모한다. 개인의 역량과 사고에 따라 전혀 다른 결과를 손에 쥘 수 있다는 것은 그만큼 두렵고 힘들지만, 동시에 매력적이고 짜릿한 일이다. 책에 가치를 담는 도전을 할 수 있었던 것도 이런 매력에서 비롯된 직업병 덕분일 것이다.

책을 쓴 이유를 누군가 내게 묻는다면 이렇게 매력적인 일에 대해 좀 더 구체적으로 이야기하고 싶은 욕심이라 말하고 싶다. MD로 일한다는 것은 과연 어떤 의미일까. 브랜딩에서 MD의 역할은 무엇일까. 한편으로는 화려한 포장지를 거두고 나면 금세 퇴색해버리는 브랜드들을 보면서 아쉬웠던 마음도 담았다. 좋아하는 브랜드에서 느낀 가슴 뭉클함이 오래 유지될 수는 없을지 고민하며.

무엇보다 사람들이 품고 있는 MD라는 개념에 대한 의문이 이 책을 시작하게 된 계기였다. 나는 패션 브랜드에서 기획MD로 커리어를 시작했다. 당시 수천억 매출을 하던 회사는 MD가 디자이너에서 영업 업무까지 그야말로 모든 일을 도맡아 하는 시스템이었다. 그 후 몇 번의 이직을 통해 알게 된 사실이 있다. 어느 회사에서 커리어를 시작하느냐에 따라 MD에 대한 이해수준이 다르다는 것이다. 비즈니스 형태에 따라 MD가 일하는 방법과 일을 대하는 태도도 매우 달랐다. 어느 회사의 MD는 정해진 일만 하는 회사원이었고, 어느 회사의 MD는 스토리와 콘텐츠를 만들어내는 기획자였다. 자연히 일하는 방법과 태도에 따라 브랜드의 결과물도 차이가 났다.

최근에는 이커머스, 스몰 브랜드, 스타트업이 생기면서 MD 업무를 하는 사람도 늘어나고 있다. MD를 하고 싶다는 분들도 많이 만나곤 한다. 그런데 높아진 관심에 비해 사람들이 이해하는 MD의 의미, 통상 전해 내려오는 MD의 종류와 일의 범위가 '요즘 MD'에 맞지 않는 부분이 많다는 것을 느꼈다.

'요즘 MD'는 브랜드 또는 상품이 고객에게 전달되는 과정을 기획하고 자유자재로 다룰 줄 알아야 한다. 상품에만 국한된 기획으로는 MD로 일하는 데 한계가 있다. 모든 것이 공급과잉인 시장에서 고객의 선택을 받아야 한다. 이것만으로도 과거보다 MD가 할 일이 많아지고 다양해진다.

게다가 산업과 트렌드가 빠르게 변하면서 '원래의 기준'에 대한 개념 자체가 사라지고 있다. 오프라인/온라인의 이분법으로 나뉘던 리테일 공간이 하나로 연결되고, 사람들은 저마다 다양한 라이프스타일로 살아간다. 새로운 플랫폼들이 생겨나고 합쳐지는 와중에 경쟁력 없는 비즈니스는 금세 사라진다. 그야말로 일정한 형태 없이 뒤섞이는 모양이다. 이제는 단순히 상품만 기획해서는 급변하는 상황에 대처할 수 없고 실력을 키울 수도 없다. 유연한 사고로 시장 동향을 파악하고 행동하는 것이 MD의 중요한 자질이 되었다. 업무범위를 따지면서 주어진 일만 해서는 '브랜드 가치'는커녕 '자신의 실력'도 키우기 어렵다.

일과 삶의 균형을 소중히 여기는 시대지만, 아이러니하게도 그만큼 개인의 실력이 더 중요해지고 있다. MD라는 커리어를 원하는 분들에게 이 책이 단순히 회사에서 MD로 일하는 것뿐 아니라 나중에 자신의 브랜드를 기획하고 만드는 사람으로 성장하는 데 도움이 되기를 희망한다. 나아가 온오프라인에서 어떤 형태로든 고객경험을 만드는 사람들, 커리어라는 여정을 통해 성장하는 이들에게 응원이 되기를 바란다.

기획MD와 바잉MD, 세일즈, HR을 거쳐 다시 바이어, 브랜드 기획자로 활동한 20여 년의 커리어 동안, 여러 브랜드를 론칭하며 MD의 다양한 세계를 여행할 수 있었다. 매 순간 경험한 새로운 세계에서 배움과 희망과 용기를 얻었다. 지난 경험이 이렇게 누군가에게 들려줄 촘촘한 이야기가 될 수 있음에 감사하다. 이 책을 읽는 모든 분들이 상품을 기획하고 고객경험을 설계하는 자기 영역의 MD로서, 일과 삶, 성장이라는 흐름을 이어갈 수 있기를 겸손한 마음으로 바라본다.

2021년 봄, 허윤

뭐든 다 하는 사람, MD

"저도 MD를 해보고 싶어요. 관심도 있고, 무엇보다 재미있어 보여요."

요즘 들어 부쩍 MD로 일하고 싶다는 분들을 자주 만난다. 이런 질문을 받으면 으레 왜 그런 마음을 먹었는지 동기를 물어볼 텐데, 나는 반사적으로 "MD가 뭐 하는 일이라고 생각하세요?"라고 묻는다. 까칠한 반응일 수도 있겠지만, 실제로 많은 이들이 약속이나 한듯 선뜻 대답하지 못하고 머뭇거린다. MD의 일이 한마디로 설명하기에 뭔가 모호한 것일까?

그러고 보니 내가 MD로 일할 때도 비슷한 일을 겪은 기억이 난다. 누군가를 처음 만난 자리에서 "무슨 일 하세요?"라는 질문에

MD라고 하면, 열에 아홉은 "MD는 뭐 하는 일이에요?"라는 질문이 돌아왔다. 그때마다 굳이 자세히 설명하기보다 상품 기획자라고 답하거나 다니던 회사의 이름을 대곤 했다. MD의 일을 한 줄로 설명하기란 아무래도 쉽지 않은가 보다.

설명이 어려운 것과 반대로, MD라는 단어는 우리 일상에서 쉽게 눈에 들어온다. 스타벅스에서는 시즌마다 텀블러나 머그 등을 새롭게 디자인해서 선보이는데, 이 상품들을 MD^merchandise라 부른다. SNS에는 '스타벅스벚꽃MD'라는 해시태그가 낯설지 않게, 아니 꽤 친숙한 단어로 돌아다닌다. 최근 오픈한 더현대서울에서 앤디 워홀의 전시를 관람했는데, 전시와 자연스럽게 이어진 기념품숍의 계산대 벽면에는 큼지막하게 'MD SHOP'이라 쓰여 있었다. 순간 걸음을 멈추고 생각했다. 언제부터 이렇게 MD라는 단어가 보통명사로 쓰이게 된 걸까.

쿠팡이나 마켓컬리에서 온라인으로 물건을 살 때에도 'MD 추천'이라는 표식이 심심찮게 등장한다. 서점 매대에 진열된 책들 사이에는 'MD PICK'이라는 표지판이 세워져 있다. 이때 MD는 해당 카테고리의 상품 담당자를 가리킨다. 이렇게 하나의 단어를 다양한 의미로 사용하다 보니, 네이버 검색창에 'MD'를 입력하면 가장 먼저 'MD 뜻'이나 '스타벅스 MD 뜻'이 연관검색어로 나올 정도다. 이것만 보아도 MD는 일상에서 자주 쓰이지만 정작 한 가지로 정의하기에는 애매한 것 같다.

MD로 일하고 싶다는 사람들을 떠올리며 직업으로서의 MD는 무슨 일을 하는지 스스로에게 물어보았다. 내친김에 MD의 사전적 정의를 살펴보니, 'merchandiser'의 약어로 상품화를 계획하는 사람이라 나와 있다(두산백과). 그리고 상품화 계획이란 제조업자나 유통업자가 시장조사 결과를 바탕으로 적절한 상품의 개발이나 가격, 분량, 판매방법 등을 계획하는 일이라 정의하고 있다.

앞에 소개한 MD의 정의를 쪼개보면 '상품화'와 '계획'이라는 두 단어로 나뉜다. 상품화란 무엇일까? 제품 디자인, 생산, 판매 중 어느 범위까지를 의미하는지 모호하다. '계획'이라는 단어도 조금 협소한 느낌이다. MD는 계획만 하지 않는다. 실제로는 판매할 상품을 정하고 어떻게 판매할지, 그 과정을 설계하고 관리하는 일을 한다. 즉 계획을 넘어 기획을 하고, 실행과 피드백을 반복하는 것이 MD의 일이다.

패션 전문자료 사전에서는 '머천다이징은 적절한 상품이나 장소, 시기, 수량, 가격으로 판매하기 위한 계획 활동'이라고 정의했다. 소비자 수요에 적당한 상품을 만들기 위해 시장조사 자료를 바탕으로 신제품의 개발, 품질, 디자인, 색채 등을 검토한다는 것이다.

MD에 대한 두 사전적 정의는 유사하면서도 미세한 차이가 있다. 기본적으로 MD가 상품을 중심으로 한 기획 활동이라는 점은 같다. 하지만 아이템의 특성, 유통방식에 따라 MD가 하는 일의 범위나 방식이 달라진다.

큰 틀에서는 유통업체의 리테일MD와 제조업체의 제조MD로 나눌 수 있지만, 정작 현업에서는 리테일MD, 제조MD라는 용어를 사용하지 않는 추세다. MD의 종류는 점점 그 경계가 모호해지며 통합되고 있다. MD를 유통과 제조로 나누는 이분법적인 구분은 MD의 기본적 개념 정의를 위한 용어라고 생각하면 좋겠다. 여기에 비교적 최근에 등장한 이커머스MD를 추가할 수 있다.

리테일MD, 브랜드MD, 이커머스MD… 업종별 업무별 MD의 세계

백화점, 마트, 홈쇼핑, 편의점 등 유통을 업으로 하는 회사의 MD는 전통적인 개념으로는 리테일MD다. 이마트 MD를 예로 들어보자. 이마트에서는 MD 대신 바이어buyer라는 용어를 쓴다. 바이어의 주된 업무는 담당 카테고리에 입점시킬 상품을 소싱하는 것이다. 신선식품, 가공식품, 가전, 패션, 리빙 등 바이어마다 담당 카테고리가 있다. 이마트에서 장 보는 풍경을 떠올려보자. 과일 코너의 싱싱한 딸기에도, 수산 코너의 연어에도, 호주산 와규에도, 각종 양곡에도, 각각의 아이템을 담당하는 바이어가 있다.

같은 리테일 바이어라도 자체 브랜드를 기획해 운영한다면 제조MD의 역할을 할 수 있어야 한다. 제품의 소싱보다는 제품 컨셉을 기획하는 브랜딩의 역량이 더 요구되는 분야다. 패션, 화장품, 리빙 등의 라이프스타일 카테고리가 주로 해당된다.

전통적인 유통기업의 일하는 방식을 들여다보면 세밀한 결을 기획하는 브랜드 전문가라 보기는 어렵다. 우선 유통과 제조기업, 즉 브랜드 비즈니스를 하는 회사는 일에 접근하는 방식에서 차이를 보인다. 만들어진 상품을 들여와서 판매하는 유통기업과 어떤 제품을 만들지 기획부터 고민하는 기업의 차이는 다른 결과를 낳을 수밖에 없다. 소비자들 역시 유통과 브랜드, 이 둘을 전혀 다른 영역으로 인식하곤 한다. 모 대형유통사의 경우 일부 브랜드 비즈니스는 그룹 계열사로 이전하여 진행하기도 한다. 또한 자체적으로 패션, H&B, 라이프스타일 전문점을 기획해서 오픈했다가 사업을 축소하거나 철수한 사례도 있다.

백화점은 유통업체라는 이유로 리테일MD라 분류하지만, 여기에도 다양한 MD의 일이 섞여 있다. 백화점도 MD를 바이어라 부른다. 기본적으로는 각 층을 관리하는 바이어가 브랜드의 입점, 퇴점, 행사, 매출관리 등을 맡는다. 마트와 비슷한 업태의 백화점 식품관을 담당하는 바이어는 리테일MD의 업무를 하고, 백화점에서 자체적으로 운영하는 편집 브랜드 담당자는 바잉MD의 업무를 한다. 뉴욕, 파리, 밀라노, 런던 등의 백화점을 돌아보면 감각적인 공간과 상품 구성이 눈에 띄며, 특히 패션 및 라이프스타일 편집매장 비중이 높다. 대형마트에 비해 공간이나 윈도우 비주얼을 중요시하기 때문에 백화점 바이어는 유통과 브랜드에 대해 두루 이해해야 한다.

리테일MD가 유통회사를 기반으로 활동하는 MD를 일컫는다면, 제조MD는 브랜드MD를 말한다. 대표적인 것이 패션MD로, 자체 브랜드를 기획하고 생산하는 기획MD와 수입 브랜드 바잉MD가 있다. 가령 한섬의 여성복 브랜드인 타임TIME의 MD는 기획MD에 해당하고, 삼성물산 꼼데가르송Comme des garcons의 MD는 바잉MD에 해당한다.

라이프스타일 카테고리의 경우 고가의 리빙 디자이너 제품은 바잉MD, 자주JAJU나 까사미아 등의 브랜드는 기획MD지만 상품에 따라 바잉MD를 겸하기도 한다.

　이외에도 매출규모가 크고 다수의 매장을 운영하는 국내 브랜드에는 물량 운영만 담당하는 영업MD, 상품의 생산과정을 관리하는 생산MD가 있다. 제조 기반의 패션산업이 성장가도를 달리면서 새롭게 생긴 MD들로, 일하는 방식에 따라 기획, 바잉, 영업, 생산 등을 붙여 구분한다.

리테일MD
(유통)

대형마트
백화점
홈쇼핑
편의점

이커머스MD

제조MD
(브랜드)

기획MD
바잉MD
영업MD
생산MD

　온라인이 변화의 중심에 서면서 최근 이커머스MD가 주목받고 있다. 이커머스MD는 온라인 플랫폼에서 상품을 기획하거나 유통하는 일을 한다. 그러나 실제 업무를 보면 리테일MD, 기획MD, 바잉MD의 업무를 아우르는 종합적 역량이 요구되고 있다. 최근 온라인 공룡 쿠팡은 상품을 직접 구매하고 재고까지 책임지는 직매입 비중을 늘리면서, 오프라인의 리테일MD와 기획/바잉MD

들을 경력직으로 채용하고 있다. 소비자들이 선호하는 제품을 먼저 캐치하는 MD의 선구안과 경험을 높이 산 것이다.

그런가 하면 기존 오프라인에서도 기업들이 이커머스로 사업영역을 확장하면서 MD의 역할 또한 그에 따라 확장되고 있다. 삼성, 신세계, LF, 한섬 등의 패션 대기업들이 자사몰을 론칭하면서 이곳의 MD들도 이커머스 플랫폼 기획운영자로 변신 중이다. 그밖에도 스타트업이나 스몰 브랜드, 유통기업 할 것 없이 이커머스 비즈니스에 뛰어드는 추세다.

이제 다시 처음 질문으로 돌아가 보자. MD는 과연 무슨 일을 하는 사람인가?

상품을 만드는 사람인가, 상품을 유통하는 사람인가, 상품을 판매하는 사람인가? 어디까지가 MD의 일이고 MD의 일이 아닌가?

리테일MD, 브랜드MD, 이커머스MD는 각기 일의 범위도 다르고 방식도 다를 수 있지만 하나의 공통점이 있다. 바로 고객에게 브랜드가 전달되는 과정을 기획하는 것이다.

브랜드 경험의 핵심은 상품이다. 고객이 구매하고 브랜드를 경험하는 과정은 상품을 중심으로 이루어진다. 그런 맥락에서 MD

라는 업의 본질은 단순히 상품을 기획하는 것이 아니라, 상품을 중심으로 '고객경험'을 기획하는 것이다. 이는 좋은 상품을 소싱하는 것만으로는 충분하지 않다는 뜻이다. 상품이 어떻게 보여지고 커뮤니케이션되고 고객에게 전달되는지, 이 모든 과정을 기획하는 것이 MD의 일이다. 기획planning은 계획plan과 달리 지속적으로 이어지며 전체를 아우르는 '총체적' 과정이다.

앞서 MD의 정의에서 언급한 상품화 계획은 한마디로 상품의 가치를 만들어내는 것이다. 가치는 상대적이기에 기획을 통해 가치를 만들어내는 일은 모범답안이 있을 수도, 정형화될 수도 없다. 현업 MD들이 업무의 경계를 넘나들며 일하는 것도 어쩌면 이 때문일 것이다. MD가 '뭐(M)든지 다(D) 하는 사람'의 약자라는 우스갯소리에는 다 그럴 만한 이유가 있었다.

나아가 MD로 일하면서 뭐든 다 하는 사람은 뭐든 다 알아야 하는 사람으로 바꾸어 말할 수도 있다는 걸 실감했다. 일이 돌아가는 모든 상황을 처음부터 끝까지 장악하고 있는 MD와 그렇지 않은 MD의 결과물이 전혀 달라진다는 것도. '뭐든지 다 하는 사람'이라는 농담은 '요즘 MD'에게 상품, 마케팅, 브랜드, 온오프라인 채널 등, 뭐든지 이해하고 실행하는 능력이 필요하다는 의미일지도 모르겠다.

결국 MD는 고객에게 가치를 전달하는 모든 일을 다 하는 사람이다.

단순하고도 심플한

진실은 단순하고 거짓은 복잡하다는 말을 가끔 떠올린다.
상품을 기획하고 브랜드 경험을 만드는 일을 하다 보면
연관된 모든 과정들이 뭐 그리 복잡할 게 없는,
하나의 단순함을 위해 존재한다는 생각이 든다.

마찬가지다.
MD가 뭐든 다 한다는 뜻은 복잡하게 많은 일을 한다는 것이 아
니다.
오히려 그 반대다.
하나의 명제를 위해 복잡함을 심플하게 바꾸어간다는 의미다.

고.객.만.족.
의외로 답은 쉽다. 상대방의 입장에서 필요한 일을 하는 것이다.
그 제품을 사서 좋다. 잘 샀다, 만족스럽다고 느끼게 하는 것.
그것이 전부다.

상품이 있고, 그 맞은편에는 고객이 있다.

상품이 고객에게 가는 과정에서 경험하는 모든 요소가

총체적인 브랜드 경험이 된다.

사소한 것 하나라도 엇박자가 나면

고객의 머릿속에 '브랜드'로 인식될 수 없다.

MD가 뭐든 다 한다는 것은 모든 일을 다 한다는 의미이기 전에,

상품이 고객에게 전달되는 과정에서 브랜드 경험이 매우 중요하

다는 것을

MD로서, 기획하는 사람으로서, 이해하고 받아들이는 것이다.

팔리는 상품을 그리는 상상력

대부분의 사람이 그렇듯, 나 역시 우연한 계기로 MD라는 세계에 발을 들였다.

대학에 입학해 의상디자인 강의를 들으면서 앞으로 내 미래에 적어도 디자이너라는 직업은 없을 거라 생각했다. 무엇보다 손재주가 영 꽝이었다. 재봉틀에 실을 꿰는 데만 몇 분이 걸렸고, 급기야 졸업작품전에 출품하는 옷의 봉제를 학교 앞 수선집에 맡길 정도였다. '세상에 옷이 얼마나 많은데 왜 옷 만드는 걸 학교에서 배워야 하지?'라는 말도 안 되는 의문에 빠져 있었다. 반면 복수전공인 경영학의 마케팅 수업은 조금도 지루하지 않았다.

대학교 3학년 때 우연히 프랑스 패션잡지사에서 어시스턴트를 하게 되었다. 화보 촬영에 쓰일 제품들을 픽업하느라 청담동의 여러 브랜드 매장을 드나들었다. 브랜드 론칭 행사와 패션쇼에도 참석하면서 럭셔리 브랜드들의 비즈니스를 관찰하게 되었다. 글로벌 브랜드가 일하는 방식과 현장을 들여다보면서 살아 있는 공부를 하고 싶었다. 여름방학에는 파리에서 써머스쿨을 듣고, 마지막 방학에는 뉴욕 백화점 윈도우와 소호에 즐비한 플래그십 스토어들의 VMD 사진을 찍으며 돌아다녔다. 내심 그때부터 졸업하고 나면 브랜드 마케터나 VMD, 홍보, 바잉MD 등의 일을 하고 싶었다.

1년 반 동안 패션잡지 어시스턴트를 한 덕에 졸업하기도 전에 홍보대행사에 취직했다. 하지만 이미 만들어진 상품으로 브랜드를 홍보하는 일은 그리 매력적이지 않았다. 브랜드의 처음부터 기획해보고 싶다는 생각에 다시 취준생으로 돌아갔다. 수십 장의 이력서를 내고 열 번의 면접에 떨어진 후에, 생각지도 않았던 브랜드에서 기획MD로 일할 기회를 잡았다.

첫 회사의 면접이 지금도 생생하게 기억난다. 정우성과 전지현이 광고모델을 하던 G브랜드는 당시 단일 브랜드로는 최고의 매출을 기록하고 있었다. 최종 면접에 참여한 사장님이 묵직한 목소리로 질문했다.

"MD가 뭐라고 생각하나?"

"MD는 디자이너 위에서 적재적소에 필요한 상품을 기획하는 사람입니다." 대답한 후 아차 싶었다.

몇 초간의 침묵이 흘렀다. 그 시간이 꽤나 길게 느껴졌다. 사장님은 면접자의 얼굴도 쳐다보지 않은 채 내 대답의 틀린 부분을 지적했다. "디자이너 위는 아니지."

다음 질문이 이어졌다. "자네는 왜 일류대를 가지 못했나?"

기가 막힌 질문이었지만 주눅들 필요는 없었다. 당당하게 대답하고 면접장을 빠져나왔다. 며칠 후, 10명의 면접자 중에 내가 최종 합격했다고 연락이 왔다. 입사하고 보니 상품기획팀 MD들은 대부분 사장님이 말한 '일류대(?)' 출신이었다. 어리둥절한 마음으로 MD 생활이 시작되었다.

입사하고 일주일은 매장 근무를 했다. 생생한 교육 현장이었다. "고객을 이해하는 것이 기획의 시작!"이라고 굳이 강조하지 않아도, 고객에 대한 데이터가 차곡차곡 몸에 저장되었다. 기획하기 위해서는 날것의 정보들을 모아야 한다. 내가 기획한 상품을 누가 구매하는지, 고객들이 상품에 어떤 반응을 보이는지, 혹시 더 원하는 것은 없는지, 상품이 어떤 방식으로 고객에게 보여지는지, 경쟁사는 어떤 상품을 어떻게 보여주는지 등등. 이제는 자금과 기술만 있으면 필요한 데이터를 확보할 수 있는 시대지만, 여전히 현장과 시장조사만큼 살아 있는 '진짜' 정보를 얻을 수 있는 곳은 없다.

정보를 모았으면 다음은 기획을 할 차례다. 입사 3개월 즈음 처음 참석한 품평회를 또렷하게 기억한다. 품평회는 다음 시즌 제품을 두고 기획의도와 샘플을 발표하는 자리인데, 회사마다 명칭과 진행자가 다르다. 유통회사에서는 바이어가 진행하며 컨벤션이라 하고, 패션회사에서는 디자이너 또는 MD가 진행한다. 당시 G회사는 기획MD가 디자이너 역할까지 맡고 있었다. 나는 청바지와 패션잡화 카테고리를 담당해, 다음 시즌 주력상품으로 워싱 롤업데님roll-up denim을 소개했다. 롤업데님은 기존의 평범한 청바지가 아닌 새로운 스타일을 찾는 고객의 니즈와 트렌드를 반영해 기획한 뉴베이직 상품이었다.

"그게 팔리겠어요? 기존 상품들과 어떻게 구성할지 이해가 안 가네요."

사장님의 날카로운 질문에는 논리적이고 간결하게 대답해야 했다. 최근 데님 트렌드와 롤업데님의 기획의도를 설명했지만, 고작 입사 3개월 된 MD의 설명은 한참 부족했다. 첫 품평회는 내게 나무보다 숲을 보는 습관을 들이고, 브랜드의 전체적인 그림을 생각하고 기획하는 계기가 되었다. 다행히 롤업데님은 신제품 론칭과 동시에 매출 1등을 차지하는 상품이 되었다. 수만 장이 판매되면서 리오더에 성공했고 그 후에도 몇 시즌을 더 운영할 만큼 브랜드의 주력상품이 되어 MD로서 자신감을 가질 수 있었다.

타깃, 누구에게 무엇을

MD에게 기획이란 브랜드를 그리는 일이다. 채색 도구를 들고 빈 캔버스 앞에 선다면, 어떤 그림을 그려야 할까? MD가 그리는 그림에는 타깃고객이 존재해야 한다. 남다른 컨셉과 트렌드를 반영해야 하고, 그림의 가치와 시장상황을 고려해 적정 가격을 매겨야 한다. 무엇보다 고객이 그림을 사야 하는 이유가 분명해야 한다.

앞서 말했듯이 MD는 상품을 중심으로 고객경험을 기획하는 사람이다. 고객이 매장에 들어가서부터 상품을 구매해서 쇼핑백을 들고 나오기까지의 여정이 고스란히 브랜드 경험이 된다. 온라인이라면 앱을 열고 만나는 이미지, 문구, 장바구니에 담았다가 결제 버튼을 누르고 배송된 상품을 받기까지가 고객경험이 된다.

이 말은 곧 MD가 '팔리는' 상품을 기획해야 비로소 고객이 움직여 브랜드 경험을 한다는 뜻이다. 쇼핑하면서 고객으로서 했던 경험을 떠올려보자. 매력적인 상품이 있어야 비로소 경험이 시작되지 않는가? 반드시 구매까지 이어지지는 않더라도 일단 상품에 대한 관심이 동해야 고객이 움직인다. 앱에서 마음에 드는 베이지색 리넨 재킷 배너를 클릭하는 일, 평소 눈여겨보았던 화장품이 마침 기획전을 한다는 광고에 해당 제품의 상세 페이지를 읽어보는 일, 또는 마트 와인코너에서 못 보던 내추럴 와인을 구매하는 일 등, 고객경험이 발생하는 지점은 매력적인 상품이다.

반대로 상품은 고객경험에 실망을 주기도 한다. 인스타그램에서 눈여겨본 공간에 방문했다가 사고 싶은 물건이 없어서 사진만 찍고 나온 경험, 대대적인 할인 프로모션 배너를 보고 클릭했지만 막상 품질이 좋지 않다는 리뷰를 보고 구매를 포기한 경험이 아마 다들 있을 것이다.

이처럼 상품은 긍정적이든 부정적이든 고객경험의 중심이 된다. 이커머스에서는 빠른 배송, 결제 시스템의 편리함으로 고객경험이 먼저 생겨나고 상품구매 여부가 결정되기도 하지만, 이 또한 매력적인 상품이 전제조건이다.

그러나 여기에 난점이 있다. '매력적'이라는 기준이 너무 주관

30
기획하는 사람, MD

적이라는 것. '매력적인 사람'에 대해 물어보면, 열이면 열 모두 다른 이미지의 사람을 떠올리지 않을까. 누구는 유머러스한 사람을 얘기할 것이고, 누구는 단정한 외모에 옷을 깔끔하게 입는 사람을, 또 누군가는 사고방식이나 취미가 독특한 사람을 꼽을지도 모른다. 이렇게 매력의 기준이 다양하기 때문에 매력적인 상품, 즉 팔리는 상품을 기획하는 일은 날카롭고 촘촘한 설계를 필요로 한다.

가장 먼저 해야 할 일은 타깃고객을 정하는 것이다. 이때에는 기획하는 대상에 대해 풍부한 상상력을 발휘해야 한다. 흔히 타깃고객을 연령대를 중심으로 나누곤 한다. 20~30대 커리어우먼, 아웃도어를 즐기는 40~50대 남성 등으로 구분하는 식이었다.

그러나 개성과 취향이 다양해진 오늘날, 같은 연령대라 해서 하나의 타깃으로 묶는 것은 게으르다. '20~30대 커리어우먼은 하이힐에 H라인 스커트와 셔츠를 즐겨 입을 것'이라는 고정관념으로는 매력적인 상품을 기획할 수 없다. 스타트업, IT, 재택근무, 다양한 커리어 라이프가 공존하고, 같은 일을 하는 사람조차 하나의 라이프스타일 안에 묶일 수 없다.

상품기획은 우리 타깃이 어떤 취향과 라이프스타일을 가진 사람인지를 상정하고 떠올리는 것에서부터 시작된다. "우리 브랜드

는 어떤 라이프스타일의 사람들이 좋아하고 구매할까?" 질문을
던지고 상상하고 정리하는 과정을 통해 고객의 페르소나를 설정
하고 그에 맞는 라이프스타일과 구체적인 행동을 그려볼 수 있다.
이를테면 북촌보다는 서촌을 좋아하고, 블록버스터보다 잔잔한
영화를 선호하는 취향이며, 에세이를 즐겨 읽고, 와인을 좋아하고
허름한 노포를 좋아하는 사람, 종종 혼자 여행하는 30대 싱글이
나 프리랜서로 일하는 사람이라고 가정해보자. 연상되는 이미지
를 나누어 비슷한 특성끼리 분류하면서 타깃의 구체적인 페르소
나를 정하는 것이다. 구체적인 대상을 설정하는 것만으로도 방향
성을 갖고 상품기획을 시작할 수 있다.

2018년 여름, 빈 도화지에 땡굴스토어를 기획하면서 같은 과
정을 거쳤다. SNS의 살림 인플루언서인 '땡굴마님'을 팔로우하
는 땡굴시장의 기존 고객과, 성수동과 을지로의 편집매장을 방문
하는 고객은 동일할까? 만약 두 고객층이 다르다면 땡굴스토어의
타깃을 어느 범위까지 조정하고, 무엇에 초점을 두고 기획해야 할
까? 머릿속으로 타깃고객에 대한 그림을 그렸다 지우기를 수차례
반복했다.

기존 땡굴의 핵심 키워드는 '살림'이었다. 브랜드 비즈니스 관점

에서 보면, 남다른 살림 솜씨로 쌓아온 두터운 팬덤은 강력한 장점이자 한계점이기도 했다. 스토리가 브랜드가 되고 편집매장을 단단하게 구성하기 위해서는 타깃의 확장이 필요했다.

모노톤의 심플한 무드를 좋아하지만 살림에는 관심이 적은 페르소나는 어떨까. 이를테면 자신을 위한 소비도 중요하게 생각하는 워킹맘이나, 이제 막 독립해서 라이프스타일에 대한 관심이 생긴 1인 가구, 홈카페를 즐기는 사람들까지. 자칫 결혼해서 아이 키우는 여자로 대상을 한정하기 쉬운 '살림'을 다른 시각으로 가볍게 접근해보았다. 이처럼 하나의 주제를 다각도로 분해해보고 상품과 고객을 매칭하면서 아이디어를 확장하는 것도 방법이 될수 있다. 또한 성수동과 을지로의 지역적 특징을 고려해 라이프스타일 편집매장이나 좋은 공간을 찾아다니는 니즈가 있는 페르소나를 추가했다.

이렇게 '살림'을 중심으로 다양한 카테고리를 추가한 다음 풍성한 편집매장을 만들기 시작했다. 아트, 문구, 가드닝, 홈데코, 패션 등 카테고리를 확장하고 상품들을 엄선하고 대중과 트렌드의 적절한 선을 잇는 감도의 브랜드들을 서치해 추리는 작업을 했다. 기존 띵굴의 '살림'을 좋아하는 타깃과, 새로운 타깃을 아우르기 위해 '더 나은 삶better life을 살고자 하는 사람들'을 타깃으로 브랜드 대상을 확대했다.

편집매장 기획을 시작한 지 6개월이 지난 2019년 1월, 성수동과 을지로에 땡굴스토어를 론칭했다. 무에서 만들어낸 결과물은 성공적이었다. 실제로 땡굴스토어를 방문한 고객층은 굉장히 다양했다. 20대부터 60대까지, 기존 땡굴마님의 팬부터 라이프스타일 편집매장에 대한 관심으로 방문한 고객, 물론 업계 사람들까지.

매력적인 상품을 기획하는 일은 모래 속에서 진주를 찾는 것만큼이나 막연하다. 눈앞에 쉽사리 정답이 나타나지 않고 숱한 노력을 기울여야 하지만, 공들여 기획한 상품은 예상했던 타깃고객을 만나 그 빛을 발한다. 우여곡절 끝에 오픈한 브랜드에서 가장 뿌듯한 순간은 공들여 기획한 상품들을 고객들이 알아봐 줄 때다.

MD의 기획은 머릿속 상상을 현실화하는 작업이다. 생각했던 대로 결과가 적중할 때의 짜릿함, 그 순간을 위해 MD는 끊임없이 타깃을 그려보고 상품을 기획하고 트렌드를 서치하면서 그림을 맞추는지도 모른다.

호기심과 관찰

타깃고객과 기획의 결과물 사이에는 호기심과 관찰이 존재한다.
호기심이라는 감정을 관찰을 통해 실제로 존재하는 물성으로
만들려면 색다른 시각이 필요하다.

"디자인은 관찰로부터 탄생한다."
이탈리아의 건축가이자 디자이너 아킬레 카스틸리오네Achille
Castiglione의 말이다.
호기심으로 일상의 제스처와 평범한 형태를 관찰하고
이를 통해 다른 어떤 것을 할 수 있을지 고민해야 한다는
그의 말을 곱씹어본다.

예고 시험에 낙방하고 며칠 동안 펑펑 운 뒤 미술의 길을 접은 나는,
가끔 기획하는 일이 그림을 그리는 것 같다는 생각을 한다.
연필로 연하게 밑그림을 그린 후 다채로운 색으로 물을 들이는
그림처럼,

강조할 곳은 진하게 덧칠하고 힘을 뺄 곳은 여백을 남겨두듯

호기심과 관찰이 기획이 되어

사람들의 마음을 움직이고 대화를 나눌 수 있는, 그런 꿈을 꾼다.

데이터와 감각의 저글링

10주 동안 매주 100장의 판매를 예상해서 1000장을 오더한 티셔츠가 있다고 하자. 실제 판매 데이터를 확인해보니 판매를 시작한 첫째, 둘째 주에는 예상대로 100장씩 판매되었으나 셋째 주에는 200장이 판매되었다. 이 경우 MD는 예상보다 잘 팔려서 좋다고 기뻐하기 전에, 갑자기 많이 판매된 이유에 대해 의문을 가져야 한다. 목표보다 100장이나 더 팔린 이유가 무엇인지, 일시적인 사유인지, 앞으로도 꾸준히 많이 팔릴 가능성이 있는지 확인해야 한다. 모든 일이 그렇듯 호기심이 문제를 발견하고, 그 문제를 해결하는 과정에서 더 나은 결과가 나오는 법이다.

이때 사용하는 도구는 회사나 MD의 성향에 따라 다를 것이다. 누구는 가격정책이나 유통방식 등에서 소구점을 찾아내려 할 테고, 누군가는 최근 뜨는 어느 셀럽이 이런 스타일을 잘 소화한 다는 식으로 이유를 찾을 수 있다. 굳이 구분하자면 논리적으로 접근하는 방식과 감각으로 해결하는 방식의 차이일 것이다.

MD의 일에 관한 질문 중 빠지지 않는 것이, 이 일이 이성적인 업무인지 감성적인 업무인지를 묻는 것이다. 사람들이 좋아할 만 한 상품기획을 한다는 점에서 센스와 감각이 필수적일 것 같은 데, 한편으로는 판매에 관한 일이니 다분히 이성적일 것 같기도 하다. 실제로 "숫자를 많이 다룬다고 하던데, 수학을 잘 못해서 요. 제가 MD를 할 수 있을까요?"라고 묻는 사람이 있는가 하면, "저는 감각적인 일을 좋아해서 MD가 되고 싶어요"라는 사람도 있다.

그러나 이성이나 감성 한 가지로만 가능한 기획이 있을까? 간 혹 MD의 성향에 따라 논리와 감각 중 한쪽에 유독 무게를 두기 도 하는데, 결코 권할 만한 방식은 아니다. 데이터 분석에 능한 MD가 숫자로만 기획을 했는데 현장에서는 전혀 다른 일이 벌어 질 때도 있다. 감각적인 성향의 MD가 최신 트렌드만 좇아 기획한 나머지 판매로 이어지지 않는 경우도 있다. 모든 기획은 논리와 감각, 두 가지 축을 기본으로 진행되어야 한다.

실제로 MD의 하루를 들여다보면 컴퓨터 앞에 앉아 엑셀 파일의 데이터를 분석하고 정리하는 데 상당 시간을 보낸다. 목표 매출을 달성하기 위한 최적의 오더 수량을 뽑아내는 일, 마진을 계산하고 판매가를 정하는 일. 일별·주별·월별 판매 데이터 분석, SKU stock keeping unit별 판매율 및 재고관리 등, MD의 모든 일은 숫자로 수렴된다.

숫자는 기획방향을 결정하는 데 가장 기초적인 근거가 된다. 따라서 MD에게 기본적인 숫자 감각은 반드시 필요하다. 하지만 학창 시절의 수학 실력과는 그다지 상관없으니 안심해도(?) 된다. 데이터를 추출하기 위한 수학적 계산은 사내 시스템과 엑셀이 해줄 테니 말이다. 그렇다면 엑셀을 잘 다뤄야 할까? 잘 다룬다면 당연히 좋겠지만 그것은 어디까지나 기술적인 문제다. 도구를 잘 다루는 것과 숫자의 흐름을 읽고 문제를 해결하는 능력은 엄연히 다르다. MD는 숫자를 통해 현상을 파악하고 고객이 어떻게 움직이는지, 그 미묘한 흐름을 읽을 수 있어야 한다.

몇몇 회사를 거치면서 업무방식에 따라 숫자를 다루는 정도에 차이가 있다는 것을 알게 되었다. 그럼에도 대부분의 기획MD, 바잉MD는 SKU별 매출 데이터와 숫자 관리에 철저한 편이다. 회사 예산으로 MD가 오더한 상품은 팔리면 매출이 되지만, 팔리지 않으면 재고가 된다.

이에 반해 유통 대기업의 자사 브랜드에서는 상대적으로 개별 SKU보다는 카테고리 단위로 매출을 관리하는 경향이 있었다. 재고가 곧 회사의 돈인데 왜 철저히 관리하지 않는지 처음에는 의아하기도 했다. 그 배경에는 제조 브랜드와 유통회사의 태생적인 차이가 있었다. 유통 대기업에서는 상품을 매입하지 않고 위탁방식으로 운영했기 때문에 직접 재고관리를 하지 않았다. 대신 협력업체들이 납품하는 상품의 판매 데이터를 MD처럼 관리하는 체제였다.

MD가 재고 운영을 직접 하지 않으면 아무래도 현장에 대한 관심이 줄어든다. 그만큼 촘촘한 브랜드 관리가 어려워진다. 이 때문인지, 많은 유통 대기업이 직매입으로 재고 운영방식을 변경했다. 그럼에도 자사 브랜드의 매출 상황은 나아지지 않았다. 유통회사들이 패션, H&B, 리빙 등의 카테고리에서 자사 브랜드를 성공시키지 못하는 이유라고 해야 할까. 하나라도 더 판매하려는 노력이 곧 재고관리이자, 더 좋은 기획, 좋은 브랜드로 이어지는 법이다. 그리고 하나라도 더 팔려는 노력은 숫자 감각과 결코 무관하지 않다.

"어떻게 하면 숫자 감각을 키울 수 있나요?" 이렇게 묻는 이들이 있는데, 뾰족한 답은 없다. 사람도 자주 만나면 가까워지는 것처럼, 매일 매출 데이터를 확인하고 익히는 수밖에 없다. 아침에 출근해서 가장 먼저 브랜드/상품별 매출을 확인하고 나만의 엑셀 파일에 로 데이터raw data를 정리하는 루틴을 만드는 것도 권하고 싶은 방법이다. 매일 숫자를 기록하는 것만으로도 숫자 감각은 물론이요, 기획의 결과물도 좋아진다.

항상 숫자로 생각하고 말하는 습관도 도움이 된다. 판매 데이터를 말할 때 대개는 판매수량을 말하곤 하는데, 판매금액으로 말해보자. 예를 들어 "A상품의 지난주 매출이 어땠어요?"라는 질문을 받았다면, MD는 "500장 팔렸어요"라고 답하는 것이 아니라 "A상품의 지난주 매출은 1000만 원입니다(판매가 2만 원으로 가정)"라고 답해야 한다. 추가로 브랜드 전체 매출에서 A의 매출비중이 몇 퍼센트인지, 지난주 대비 판매 상승률은 몇 퍼센트인지 등을 말할 수 있어야 한다. 숫자로 말하는 습관은 머릿속에 숫자로 브랜드를 그릴 수 있도록 해준다.

스타일 감각보다 커머셜 감각

"MD를 왜 하려고 하세요?"라는 질문에 "패션에 관심이 많아요. 저는 트렌드랑 디자이너를 잘 알거든요", "저는 음식을 좋아해요. 미슐랭 레스토랑도 즐겨 가고 요리를 좋아해요"라고 답하는 분들이 있다. MD를 하려는 이유가 좋아하는 상품이나 취미 혹은 성향에서 출발한 대답이다.

상상해보자. 누가 보더라도 스타일에 이의를 제기할 수 없을 만큼 멋진 사람이 있다. 그가 일 잘하는 패션MD가 될 수 있을까? 정답은 없지만 반드시 그렇다고 단언하기는 힘들지 않을까. 마치 책을 좋아해서 서점을 하고 싶다는 이야기와 같은 맥락이랄까. 그러한 이유로 MD를 하고 싶어 한다면 오히려 좋아하는 것을 마음껏 사고 즐기는 게 낫다고 권하고 싶다.

서울 곳곳에 작은 책방들이 생겨날 무렵, 나 역시 책을 좋아한다는 이유로 작은 서점 주인을 꿈꾼 적이 있다. 서점에 앉아서 내가 좋아하는 책을 알리는 나를 상상하면서 시간이 나면 전국 구석구석의 책방을 돌아다녔고, 작은 책방에 관한 책도 사서 읽었다. 책들의 대부분은 '힘들지만 좋다, 하지만 현실은 쉽지 않다'는 내용으로 채워져 있었다. 책을 팔고 책방을 운영하는 일을 하면서 매일 고객을 대하고 파본을 관리하고, 이익이 나지 않아 머리를 싸맨다면, 과연 책을 좋아해서 서점을 차린 목적에 부합하는 것일까? 어쩌면 휴일에 책을 쌓아놓고 행복해하며 책장을 넘기는 삶이 더 어울리는 것 아닐까. 물론 취미로 하는 책방이라면 아무래도 상관없겠지만.

많은 이들이 좋아하는 일을 잘하면서 살기를 원하지만, 좋아하는 일이란 좋아하는 물건이나 취향만을 놓고 논할 수 있는 게 아니다. 우선 그 일의 특성이 나와 맞을지를 고려해야 한다. 나 역시 몇 번의 이직을 하고서야 좋아하는 일을 직업으로 삼는 것의 진정한 의미를 깨닫게 되었다.

물론 MD에게 감각은 중요하다. 특히 하이엔드 브랜드의 트렌디한 상품을 바잉하는 MD처럼 상품을 직접 기획하는 MD라면 앞선 스타일 감각은 득이 된다. 그러나 일반적으로 MD에게 필요한 감각은 스타일 감각이 아니다. 커머셜commercial 감각이다. 아무리 스타일 감각이 좋은 사람도 커머셜 감각이 없다면 일 잘하는 MD가 될 수 없다. 뒤에서 자세히 다루겠지만, 커머셜 감각은 적당한 선을 골라내는 능력이다. 트렌드라는 이름의 많은 정보 가운데 우리 브랜드에 맞는 것을 취사선택해서 정도에 맞게 적용하는 것, 뒤처지지도 생뚱맞지도 않게 반 보 앞선 트렌드를 제시하는 것, 익숙함과 새로움을 모두 놓치지 않고 고객에게 제안할 수 있는 능력, 적절한 타이밍에 대한 이해까지. 그러니까 언제 무엇을 누구와(또는 누구에게), 왜, 어떻게 해야 하는지를 아는 감각이다.

기획은 수학처럼 딱 떨어지는 정답이 있는 영역이 아니고, 예술 활동도 아니다. 여러 가지 재료를 잘 배합한, 보기 좋고 먹기 좋은 음식이다. 한 입 떠먹었을 때 행복감이 밀려오는, 한 그릇을 싹 비우고 참 잘 먹었다고 생각하게 되는 그런 음식이랄까. 그 음식에 손맛이 결정적인 역할을 했는지 정확한 레시피대로 되었는지, 먹는 사람에게는 그리 중요치 않다. 오직 최고의 맛을 내도록 이성과 감성의 적절한 균형을 꾀하는 것, 그것이 일 잘하는 MD의 감각이다.

좋아하는 일의 생김새

몇 군데 회사를 거치며 다양한 성격의 일들을 하고 나서야
'내가 좋아하는 일의 공통점'을 발견할 수 있었다.
무언가를 만들어내고 스스로 주도하는 일.
그러니까 기획으로 세상의 한 구석을 좋은 방향으로 만드는 것.

좋아했던 모든 일들.
때로는 외적인 것이 좋아서 하기도 했고, 좋아하는지도 모르고
했던 일들도 지나고 나니
'아, 그 일의 어떤 면을 내가 굉장히 즐거워하며 일했군'이라고 알
아차리게 된다.
가만히 곱씹어보면 '좋아하는 일'에 대한 실마리가 보인다.

의미 있고 가치 있는 일을 하고 싶다고 생각해왔다.

'의미'와 '가치'는 그때그때 달라지기도 했고, 미처 몰라 헤매기도

했다.

이를테면 소위 남들이 좋다는 일, 번듯해 보이는 일이 의미 있다고 착각하기도 했다.

진짜와 가짜를 구분하기까지, 생각보다 많은 시간이 필요했다.

그저 상품을 판매하는 것이 아니라,

타인의 생활양식과 삶의 태도에 산뜻한 기분을 불어넣는

무언가를 만들고 싶다는 바람이다.

새로운 일을 택해야 할 때는 좋아하는 일의 생김새를 꼭 기억하려 한다.

좋은 매출 vs. 나쁜 매출

언젠가 "어떤 MD가 일 잘하는 MD예요?"라는 질문을 받았다. 머릿속에 일 잘하는 MD의 온갖 조건이 스쳐지나갔다. 관찰력, 커뮤니케이션 능력, 트렌드 파악, 데이터 분석, 통합적 사고 등등. 그러다 결국 하나의 답으로 수렴되었다.

"결국 매출을 잘 내는 사람 아닐까요? 눈에 보이지 않는 것들을 현실화해서 매출로 만들어내는 사람."

MD는 매출로 평가받는다. 그만큼 매출 스트레스는 일상이다. 가끔은 '매출이 인격'이라는 씁쓸한 농담을 주고받을 만큼. 아무리 자신 있게 기획한 상품도 팔리지 않으면 의미가 없다.

이 사실을 뼈저리게 느끼는 자리가 바로 매출 회의다. 고객에게 제품을 판매하는 회사라면 어느 곳이나 정기적으로 매출 회의를 한다. 내 첫 직장은 월요일 아침마다 매출 회의를 했다. 내가 다녔던 회사 중에서는 꽤 터프한 편에 속했던 걸로 기억한다. 회의실에 디귿 자로 늘어선 책상의 오른쪽에는 MD, VMD, 마케팅 등 기획업무를 맡은 팀들이 순서대로 자리했다. 반대편으로는 스토어 매니저, 수퍼바이저, 영업팀이 앉았다. 앞쪽에는 매출 자료와 상위 20위까지의 상품 사진이 PPT로 띄워져 있었다. 20~30명이 빼곡히 앉은 회의실에는 긴장감이 돌았다.

회의 진행방식은 심플했다. 매출 순위가 높은 상품부터 담당 MD가 나와 발표를 한다.

"지난주 판매 1등은 미디엄 워싱 스트레이트 핏 데님입니다. 지난주 판매 1500장, 매출 ○○만 원이었고 현재 재고 1만 5000장으로 10주치 재고를 확보한 상태입니다. 데님 판매가 높아지는 4주 후에는 추가 워싱 상품이 입고될 예정입니다."

재고 운영에 차질 없고 후속 상품도 기획되어 있으니 문제없이 통과했다. 다음은 2위 상품 MD의 차례.

"지난주 판매 2등은 3가지 컬러로 기획한 리넨 셔츠입니다. 지난주 수요일 전 매장에 입고되어 1000장 판매되었습니다. 현재 재고 수량은 1만 pcs로 10주치가 있습니다. 이상입니다."

발표가 끝나자마자 기다렸다는 듯 영업팀의 반박이 시작되었다.

"지난 수요일에 받은 물량은 오후에 이미 판매되어 수량이 부족한 상태입니다. 추가 물량을 요청했는데도 재고를 받지 못해 주말 동안 매출에 심각한 영향을 미쳤습니다. 사이즈별로 5장씩 재고를 충분히 넣어주세요."

다른 매니저도 한마디씩 거들었다. "시장조사를 해보면 요즘 다른 브랜드들도 다양한 리넨 셔츠를 내놓고 있어요. 우리 브랜드는 컬러나 다른 스타일을 추가할 계획은 없나요?"

MD는 질문을 들으면서 빠르게 생각을 정리한다. 사장님이 질문한다. "바이어가 누구죠?" 곧장 데이터에 기반해 답하는 동시에 대안을 생각해야 한다. "데이터를 확인한 결과, 매장별로 재고는 충분한 상태입니다. 말씀하신 A매장에 대해서는 바로 조치하겠습니다." 또는 "추가 리넨 셔츠 상품을 기획 중입니다. 곧 확정되는 대로 공지하겠습니다."

회의에서 MD의 답변과 의견은 중요하다. 무엇보다 상품기획 의도를 또렷하게 전달할 수 있어야 한다. 왜 이 상품을 만들었는지, 상품을 판매할 때 어떤 점을 강조해야 하는지, 타 브랜드 상품과의 차별점은 무엇인지. 그뿐 아니라 매장에서 상품운영을 원활히

하기 위한 가이드도 제시해야 한다. 상품운영 기간과 재고 운영, 프로모션 등 상품에 대한 모든 정보는 MD가 전달하고 관리한다.

영업 파트가 현장에서 듣고 전달하는 의견도 그냥 넘길 수 없다. 날것의 정보는 기획에 중요한 힌트가 된다. 그렇다고 현장 의견이 100% 옳다고만 할 수도 없다. MD는 현장을 중요하게 여기되, 남의 말에만 기대지 말고 가능한 직접 정보를 확인하고 선별하는 것이 좋다. 일 잘하는 MD는 어느 한쪽의 근거를 맹신하지 않는다. 데이터와 현장 확인, 감각과 논리를 자유자재로 넘나든다. 열린 마음으로 상황을 냉철하게 판단하는 것은 그 누구를 위해서도 아니다. '고객'이 무엇을 원할까? 이 질문 하나 때문이다.

그 시절 매주 강도 높은 회의를 거치면서 자연스럽게 MD로서 트레이닝되었다. 주말에는 기획한 상품의 동향을 살피기 위해 시장조사를, 주중에는 데이터 분석과 트렌드를 반영하여 상품기획과 오더를 했다. 월요일 이른 아침부터 회의 준비를 위해 데이터를 뽑고 논리를 정리했다. 매주 쌓인 노력은 실력이 되었고, 매출은 높아졌다.

다시 말하지만, MD는 매출로 평가받는다. 고객이 선택하지 않은 상품은 존재가치가 없는 것이다. 할인판매를 해서라도 원가를 보존해야 하는 재고로 변해버린다. 상품이 매출이 될지 재고가 될지는 오로지 고객의 선택에 달렸다.

그러나 한편으로 매출이 전부는 아니다. 일 잘하는 MD는 매출을 잘 내는 사람이지만, 좀 더 정확히 말하면 '좋은 매출'을 만들어내는 사람이다. 매출에는 좋은 매출과 나쁜 매출이 있다. 좋은 매출이 높아질수록 회사의 이익은 커진다. 상품을 구매한 고객은 우리 브랜드의 팬이 되고 브랜드는 장기적으로 더 좋은 브랜드로 성장한다. 나쁜 매출은 반대의 경우다. 매출이 일어날수록 회사는 적자가 되고 고객은 실망해서 브랜드를 떠나게 된다.

매출이 일어나는데 적자가 커진다니, 얼핏 납득이 안 될지도 모르겠다. 나쁜 매출을 이해하려면 좋은 매출이 무엇인지를 알아야 한다. 결론부터 말하면 좋은 매출은 '바른 구조'로 기획한 상품에서 나온다.

바른 구조의 첫 번째 조건은 적정 마진을 충족하는 상품이다. 이를테면 우리 브랜드는 원가의 3배수 마진으로 판매가를 책정해야 이익이 나는 구조라 해보자. 원가가 1만 원인 상품이라면 판매가 3만 3000원(1만 원×3배×VAT)으로 책정해야 사이트 운영비, 택배비, 광고비 등을 제하고 남는 이익으로 회사를 운영할 수 있다.

그런데 신규 기획하려는 A상품은 2배수의 마진만 가능하다. A
상품을 진행해도 될까? 정답은 없다. A상품의 마진은 적지만 그
로 인해 다른 상품의 판매가 더 높아지는 것이 확실하다면 진행
을 고려할 수도 있다. A상품이 팔릴수록 판매에 들어가는 비용만
증가하고 이익이 남지 않는다면 과감히 포기해야 한다. 즉 매출이
높고, 손해가 적은 쪽을 택하는 의사결정이어야 한다. 아쉽게도
현실에서는 그렇지 않을 확률이 높다.

바른 구조의 두 번째 조건은 브랜드 전체 결에 맞는 상품이다.
MD는 상품이나 브랜드를 입점하거나 기획할 때 수많은 선택지
앞에 선다. 스스로 끊임없이 질문을 한다. "이 상품을 우리 브랜
드라 할 수 있을까?", "이 브랜드를 입점하는 것이 우리 편집매장
과 어울릴까?" 물론 이들 질문에 부합하지 않더라도 당장 높은
매출을 낼 수는 있다. 그러나 장기적인 브랜딩에는 도움이 되지
않는다.

패기 넘치던 주니어 MD 시절, 바른 구조가 아닌 상품기획으로
실수한 경험이 있다. 경쟁 브랜드에서 디스트레스드distressed 프
린트 티셔츠로 높은 매출을 내고 있었다. 우리 브랜드는 베이직
한 디자인 위주였기에 현장에서 다른 스타일을 개발해달라는 의
견이 빈번하게 나왔다. 시장조사 결과 실제로 고객들은 기본 아이

템보다 프린트 상품을 많이 구매하고 있었다. 바로 상품개발을 시작했다. 3주 만에 1만 2000장의 티셔츠를 완성해 150개 매장에서 판매를 시작했다. 일주일 만에 신규 상품인 프린트 티셔츠는 전체 매출 1등을 차지했다. 기획한 상품을 고객이 알아줄 때, 자신의 생각이 매출로 증명될 때, MD는 최고의 성취감과 짜릿함을 느낀다. 당연히 기뻤다.

기획한 상품은 5주 만에 모두 판매되었다. 빠른 트렌드 캐치와 판단력으로 상품기획을 하고 매출을 만들어낸 것은 매우 잘한 일이었다. 스스로 칭찬해야 할 상황이었지만 마냥 기쁘지만은 않았다. '과연 우리 브랜드에 맞는 상품이었을까?'라는 생각이 머릿속을 떠나지 않았다. '시장의 트렌드에 맞는 상품이긴 했지만 베이직한 상품이 주를 이루는 우리 브랜드에서 굳이 기획할 필요가 있었을까?'

누가 뭐라 한 것도 아닌데, 이런 생각을 한 데는 이유가 있었다. 브랜드 고유의 색깔에서 벗어난 상품이 판매가 잘되자 그 후의 상품기획 방향을 잡기 어려웠던 것이다. '우리 브랜드가 추구하는 방향이 아닌 다른 길로 가도 매출이 잘 나오네?', '그럼 우리 브랜드는 앞으로 어떤 기획을 해야 하는 것일까?' 새삼스레 브랜드 결에 대한 고민이 시작되었다.

매출에 대한 의지가 빚은 실수(?)였지만 단기적인 결과보다 장기적인 전략이 중요하다는, 해봐야 알 수 있는 깨달음을 얻었다. 기본에 충실하지 않은 매출은 오히려 브랜드 성장에 독이 될 수 있다는 것도. MD의 크고 작은 결정은 고객의 구매에 영향을 미치며, 곧 브랜드의 모습이 된다.

나의 브랜드라는 마음으로 일을 바라보자. 담당 카테고리가 셔츠라면 그 MD는 셔츠가게 사장인 셈이다. 본인의 비즈니스를 한다는 사업가 마인드로 일하는 MD와 주어진 업무에만 최선을 다하는 직장인으로서의 MD, 두 사람의 매출은 어떨까? 결코 작지 않은 차이가 날 것이다. MD는 브랜드를 만들어가는 기획자이지, 단순히 상품을 소싱하고 운영하는 사람이 아니다. 스스로 브랜드를 만들어간다는 의식을 갖는 것이 중요하다. 또한 혼자가 아니라 다른 사람들과 함께 멋진 브랜드를 만들고 있음을 기억하는 것, 그리고 우리의 의사결정이 누구를 위한 결정인지를 잊지 않는 것도. 결국 '좋은 매출'은 진심을 다할 때 만들어지는 것인지도 모르겠다.

어느 휴일

몇 개월 동안 애써 준비한 브랜드를 론칭하고 맞은 오랜만의 휴일,
이곳저곳을 열심히 돌아다녔다.
흩어져 있는 요소를 조합하는 방식에 대해,
같은 소재를 저마다의 색깔로 풀어낸 공간과 기획에
어떤 장점과 단점이 있는지 느껴보기 위해서.
새로 생겨난 브랜드와 공간은 어떻게 콘텐츠를 기획하는지
또는 유지하고 있는지, 고객들의 반응은 어떤지,
나는 무엇을 좋아하는지 휴일에도 생각들을 굴린다.

어느 방향으로 브랜드를 만들어가야 하는지를 두고,
'겉모습을 어떻게 치장할지'보다
'그래서 무엇이 되어야 하는 것일까' 같은 생각들에 마음이 간다.

'우리는 왜 일하는가?'라는 질문이 먼저가 되고
그다음 '어떻게 일해야 하는가'에 대한 고민이,

마지막으로 '무엇을 만들어야 하는가'를 생각 하는 것이
진짜 브랜드를 만드는 순서가 아닐까.

만들어내는 행위에만 치중하다가
자칫 '왜'를 생각할 겨를이 없는 건 아닌지,
어떤 가치를 전달하고 싶은지를 찾으려면
피상적이 아닌 속 깊은 고민이 필요하다는 이야기를
평소보다 아주 많이 한 날이었다.

중요한 건
지금을 능동적으로 살아가는 것.

리테일은 디테일이다

작년 즈음, 흥미로운 플랫폼을 발견했다. 취향이 비슷한 사람들끼리 함께 여행하듯 진짜 남의 집을 방문하는 '남의 집Naamezip'이라는 이름의 프로젝트다. 이 플랫폼에서는 (누군가의) 집이 다양한 컨셉으로 소개된다. 이탈리아 요리를 함께 먹으며 사는 이야기를 나누는 집, 홈오피스, 각자 읽고 싶은 책을 가져와서 읽는 남의 집 등, 각각의 집에 대한 소개와 사진을 보면서 누군가의 집을 상상해본다. 어떤 느낌의 공간일까. 호스트는 어떤 사람일까. 이 공간에서는 어떤 사람들을 만나게 될까. 어느새 머릿속으로 남의 집에서 하게 될 경험들을 그렸다 지웠다 한다.

아예 모르는 사람의 집에 방문할 일은 없다 해도, 살면서 남의 집에 갈 일은 종종 생긴다. 집들이에 초대받아서 갈 수도 있고, 음식이나 와인 한 병 들고 가볍게 친구 집을 찾을 때도 있다.

누군가의 집을 다녀와서 기억에 남은 건 우선 음식이다. 집들이의 다채로운 상차림에 놀란 적도 있고 친구가 동네 베이커리에서 산 바게트처럼 소소한 것들이 눈에 들어오기도 했다. 그러다 직업병 때문인지 점점 남의 집의 사소한 디테일을 눈여겨보게 되었다. 이를테면 욕실에 놓인 수건의 도톰함이나 치약의 짜임새, 핸드숍 배치처럼 눈에 띄지 않아도 손님에 대한 배려가 느껴지는 디테일을 발견할 때마다 마음이 편해지곤 했다. 집에 누군가를 여러 번 초대해본 베테랑(?)들의 공통점도 알게 되었다. 음식보다는 음악을, 향을, 슬리퍼를, 사람들에게 자연스럽게 스며드는 디테일에 신경 쓴다는 사실을.

리테일에서도 디테일이 중요하다. 작은 디테일이 모여 브랜드를 만든다. 배송 포장박스, 쇼핑백 재질, 말끔하게 정리된 상품들, 매장 문을 열고 들어가서 나올 때까지 느껴지는 한결같은 편안함. 신기하게도 치밀하게 설계된 디테일일수록 눈에 잘 보이지 않는다.

동네에 자주 가는 빵집이 있다. 테이블 4세트가 들어가는 작은 공간에 비슷한 크기의 야외 테라스가 있다. 주로 바게트, 치아바타, 식빵 등 기본에 충실한, 담백한 빵을 판다. 그 외에는 몇 종류의 파이와 시나몬 롤이 있다. 브런치 메뉴로는 채소를 큼직하게 썰어 넣은 토마토 수프, 살라미 샌드위치 등을 판매한다. 특이한 점은 빵을 만드는 공간이 실내에 큼직하게 오픈되어 있다는 것이다. 입구에 들어서면 여러 명의 파티시에가 활기차게 움직이며 밝은 분위기를 주도한다. 항상 웃으면서 툭 인사를 건네는 사장님도 빵집의 풍경에 한몫한다. 마치 파리의 동네 빵집에 온 기분이다.

이 작은 빵집은 기본에 충실한 빵을 파는 만큼 공간이나 다른 요소에 애써 멋을 부리지 않았다. 갱지 느낌이 나는 누런 빵 봉투에는 빵집 이름이 스탬프로 무심하게 찍혀 있다. 메뉴는 A4 종이에 적어 마스킹 테이프로 유리창에 비스듬히 붙여두었다. 그런데 내부를 자세히 살펴보면 컬러풀한 소품으로 포인트를 준 것이 눈에 띈다. 초록, 빨강 강엄 체크의 테이블보, 샌드위치를 담아내는 것 역시 초록과 빨간색의 플라스틱 바구니. 커피를 담는 종이컵은 특별한 디자인 없이 무심하게. 힘 줄 곳과 뺄 곳을 의도적으로 잘 배치했다. 철저히 계산된 디테일들이 자연스럽다. 실내의 오래된 오디오에서는 샹송이 흘러나오고 야외에는 커다란 화분으로 만든 조경이 이국적 분위기를 자아낸다. 무엇보다 이 작은 빵집의 디테일을 완성하는 핵심은 사람이다. 이곳을 찾는 사람들은 한아름씩 종이봉투에 빵을 담으며 행복한 표정을 짓는다. 손님이 행복해지는 공간이다.

반대로 디테일의 부재는 묘한 불편함을 준다. 얼마 전 SNS에서 꽤 알려져 가보고 싶었던 한 카페에 갔다. 숲이 우거진 도시 외곽에서 우드 공방을 겸하는 카페라 하여 정갈한 공간을 상상했다. 커피를 주문하고 야외 테라스에 자리를 잡고 앉았는데, 어디선가 K-POP이 우렁차게 들려왔다. 짙은 녹음綠陰 아래 놓인 우드 테이블과는 영 어울리지 않는 음악을 듣고 있으려니 어딘지 모르게 불편해졌다. 기대가 컸던 탓일까. 급하게 커피를 마시고 카페를 나왔다.

좋다, 불편하지 않다, 자연스럽다, 디테일이 있다. 이 4가지 감상 표현은 대체로 같은 의미라고 볼 수 있다. 어느 브랜드를 보며 '좋다'고 느끼는 것은 불편한 마음이 들지 않는 것, 자연스럽다고 느끼는 감정이다. 브랜드를 만드는 입장에서도 자연스러움은 중요하다. 브랜드를 이루는 요소 하나하나가 조화를 이룬다는 얘기니까. '그 브랜드답다'는 말에는 정교하게 계산된 디테일이 숨겨져 있다. 디테일은 한눈에 드러나지 않는다. 마치 1000피스짜리 직소퍼즐이 멀리서 봐야 비로소 하나의 그림이 되는 것처럼 디테일이 모여서 브랜드가 되는 것도 이와 다르지 않다.

MD로 일하는 동안 업계의 유능한 리더들로부터 배운 최고의 레슨은 '리테일은 디테일'이라는 것이다. 여기에는 두 가지 뜻이 있다. 하나는 디테일이 모여 좋은 브랜드가 된다는 것이고, 다른 하나는 리테일은 디테일을 챙기면서 일해야 한다는 것이다.

기획MD로 3년을 보낸 후 밀라노에 살면서 자주 가던 편집숍이 있었다. 10꼬르소꼬모10 CORSO COMO, 1980년대부터 꼬르소 꼬모길 10번지에 상징적인 패션 라이프스타일 문화공간으로 자리잡은, 살아 있는 교과서 같은 곳이었다. 그 후 한국에 돌아와서 대기업 신규사업팀의 바잉MD로 이직했을 때 우리 팀은 3개의 사업을 검토 중이었는데, 수차례 검토 끝에 10꼬르소꼬모10CC를 한국에 론칭하게 되었다. 10CC의 디렉터 까를라 소짜니Carla Sozzani와 일하게 되다니, 그때의 흥분과 감격이란!

론칭을 준비하던 1년은 빠르게 지나갔다. 뉴욕, 밀라노, 파리의 패션쇼에 참석하고 바잉 출장을 가는, 화려하고 흥미로워 보이는 일의 이면에는 서류작업, 상품등록, 끝없는 야근이 함께했다. 드디어 오픈 당일, 청담동 매장에서는 저녁 6시에 성대한 오프닝 파티가 예정되어 있었다. VIP들과 업계 관계자 수백 명이 초대되었고 10CC 카페에서는 케이터링을 준비하고 있었다. MD, 마케팅, 홍보, VMD까지 매장 스태프 수십 명이 저마다 분주하게 뛰어다녔다.

까를라 소짜니도 매장 오픈 작업 내내 현장을 떠나지 않았다. 100여 개가 넘는 브랜드의 비주얼을 직접 챙겼고, 여성 및 남성 패션, 뷰티, 오브제, 서점, 카페까지 그녀의 손길을 거치지 않은 곳이 없었다.

비주얼만이 아니었다. 오픈 전날에는 세일즈 시뮬레이션을 통해 직접 상품운영을 체크했다. 당시 편집숍 매장의 창고는 2층에 있었는데 고객이 사이즈에 맞는 구두를 찾아달라고 요청하면, 1층 계산대에서 얼마나 기다려야 할지 미리 확인하는 것이었다. 편집숍은 브랜드 가짓수가 다양하기에 재고를 빨리 찾으려면 무엇보다 창고 정리가 중요하다.

시뮬레이션을 해본 결과, 고객의 대기시간이 예상보다 길다는 것이 확인되었다. 꽤 심각한 논의가 오갔다. 고객이 겪을 불편을 최소화하고 우리 브랜드의 디테일을 챙기기 위해, 논의 끝에 슈즈 재고 적재방식을 변경하기로 했다. 오픈 전날 밤, 모든 사람들이 함께 창고 정리를 다시 하면서 "내일이 진짜 오픈 맞아?"라는 농담 섞인 푸념을 주고받았다. 오픈 전까지 완벽하지 않은 디테일을 찾아서 수정할 것, 브랜드 론칭을 위한 가장 중요한 미션이었다.

오프닝 파티 시간이 다가오고 있었지만, MD들은 막바지 확인 작업을 하느라 정신없었다. 바잉한 상품이 제대로 진열되었는지, 시스템에 등록된 판매가에 오류가 없는지 등. 까를라가 마지막 매장 라운딩을 하자고 했다. 매장 구석구석을 도는 동안 수정사항은 끊임없이 나왔다. 인테리어 페인트의 컬러 톤 수정, 수평이 맞지 않는 선반, POP 문구 수정 등등. 누구의 업무인지는 중요하지 않았다. 고객에게 완벽한 기획의 결과물을 보여주는 것이 최우선이었다. MD들은 트레이닝복 차림으로 한손에는 메모지를 들고 까를라를 따라다니며 열심히 적었다.

무대 위로 나가기 전, 드디어 최종 점검을 마쳤다. 동료 MD들과 화장실에서 급하게 옷을 갈아입고 화장하면서 한참을 웃었다. 그동안 론칭 준비를 하느라 모두의 얼굴에는 뾰루지와 다크서클이 내려와 있었다. 매장에서 오프닝 파티가 시작되었다. 1년 동안의 기획이 세상에 공개되는 순간, 화려하게 차려입은 사람들이 빼곡하게 서서 한손에 샴페인 잔을 들었다. 건배사가 이어졌고, 브랜드를 론칭하느라 고생한 동료들끼리 잔을 부딪쳤다. 도전하고 실행하고 이루어낸 현장에 있다는 것. 그것만으로도 감정이 벅차울컥했다. 그날 이후로 생각하는 대로 이루어진다는 말을 믿기 시작했다. 보여지는 것 뒤에는 보이지 않는 숨은 노력이 가득하다는 것도.

　지금 돌이켜보면 리테일의 한 획을 긋는 순간에 세계적인 디렉터의 일하는 법을 배울 수 있던 것은 크나큰 행운이었다. 디테일은 얄팍한 멋부림이 아니라 얼마나 기본에 충실한지의 문제라는 것. 사소한 운영방식의 차이가 다른 결과를 만든다는 것. 까를라의 기획 비결은 기본과 디테일이었다. 그 후 일을 하다 방향성에 대한 고민이 생길 때마다 10CC를 오픈하던 그날을 떠올린다. 1mm의 디테일을 위해 트레이닝복을 입고 뛰어다니던 그때 얻은 깊숙한 레슨을.

반대 방향

상상을 '실체 있는' 무언가로 만드는 일은
어떤 걸 필요로 하는 걸까.

자연스러운 생활,
힘을 뺀, 실제 삶에 스며든 감각과
몸에 새겨진 태도

화려함보다는 간결함,
남들이 모두 좋다고 하는 화려함보다
내가 좋아하는 하나의 소박함이 소중하다.

저마다 자신만의 색깔을 만들어가는 과정을 유심히 본다.
사람이든 브랜드든, 작은 가게든
알맹이가 없는 포장과 겉만 번지르르한 어색함은 금세 느껴진다.
자연스럽지 않은, 애써 꾸미는 태도 너머로

리테일은 디테일이다

본질이 투명하게 보인다.

눈에 보이는 것이 기획의 전부가 아닐 때가 많다.

애초 진짜 보물은 깊숙한 곳에,

열심히 찾아야만 보이도록 숨겨져 있는 건 아닐지.

본질을 잘 가꿔나가는 결과물에는 자연스러운 멋이 묻어난다.

누구도 흉내 내기 힘든.

아는 것보다, 내가 무엇을 모르는지를 아는 것.

좋아하는 것보다 싫어하는 것을 아는 것.

어쩌면 반대 방향으로 자신을 두는 것이

'진짜 기획'을 위한 여정일지도 모르겠다.

끝까지 해내는 힘

커리어를 쌓으면서 대여섯 번의 이직을 했다. 정해진 틀에서 주어진 일만 하는, 효율만 따지는 '직장인'이 되고 싶지 않았다. 늘 안정보다 도전을, 익숙함 대신 새로움을 택했다. 덕분에 다양한 신규 비즈니스를 경험하고 경력을 쌓을 수 있었다.

그렇게 만들어진 이력서는 한 회사를 오랫동안 다니는 사람들에게 일반적이지 않았던 것 같다. 면접에 가면 으레 "이직을 많이 하셨네요. 특별한 이유가 있나요?" 하며 신기한 듯 물어왔다. 솔직하게 대답했다. 성장을 원할 때마다 움직였다고. 이해할 수 없다는 듯 바라보던 어느 인사팀 직원의 표정이 아직도 기억난다.

한 직장을 오래 다니는 것이 능사는 아니다. 이직에 대한 인식도 바뀌고 있다. 최근 잡코리아가 발표한 자료에 따르면, 직장인들의 평균 이직 횟수는 2010년 2회에서 2020년 3.1회로 증가했다. 특히 1년차 신입사원의 이직 비율은 77%에 달한다. 이직 사유 1위는 업무과다 및 야근에 따른 개인생활의 어려움이었다.

회사를 위해 개인의 삶을 양보하라는 말은 몇 년 새 사라져버렸다. 커리어 선택의 주체는 온전히 개인으로 이동하고 있고, 회사가 인생의 전부가 될 수 없는 시대에 직장인의 사이드잡은 더 이상 낯설지 않다. 온라인을 기반으로 한 다양한 스타트업의 빠른 성장도 이직 문화에 영향을 미치는 듯하다. 빠르게 변화하는 시장에서 더 좋은 조건으로 이직하기 위해 자기계발에 투자하는 개인도 늘고 있다. 조직뿐 아니라 외부에서 자기 이름으로 활동하고 인정받고자 하는 움직임들도 눈에 띈다. 어떤 방식으로든 개인의 능력이 중요해지고, 어떤 이유로든 개인의 활약이 우대받는 시대다.

이제는 회사도 경력 지원자의 면접을 볼 때 재직기간만 체크해서는 곤란하다. '어떻게 일하는 사람인가'를 샅샅이 들여다보아야 한다. 그런 만큼 일하는 사람에게도 진짜 실력이 필요하다. 어디에서 어떤 일을 하든 나만의 경쟁력을 가진, 회사라는 배경 없이 홀로 설 수 있는 실력 말이다.

이직을 통해 많은 이들과 일하면서 알게 된 사실이 있다. 업계 불문하고 일 잘하는 사람의 공통점이 있다는 것이다. 바로 '회사 일을 내 일처럼 끝까지 해내는 사람'이다. 재차 강조하지만 회사를 위해 개인의 삶을 희생하라는 전근대적인 얘기를 하려는 게 아니다. 그보다는 남의 돈으로 내 사업을 배운다고 생각하면 좋겠다.

일의 기본이 되는 구조는 업계나 담당 업무와 관계없이 크게 다르지 않다. MD, 마케터, 서비스 기획자, 디자이너 등 직무는 다양해도 일의 기본기는 비슷하다. 문제해결을 위해 방법을 찾는 것. 안 되면 되게 하는 것. 그 과정에서 원활한 소통, 다른 사람의 참여, 협의, 조율을 거쳐 일을 완료하는 것이다. 어떤 상황에서든 일이 되게 하려면 오너십이 있어야 한다. 스스로 오너십을 갖고 일하는 사람은 성장한다. 업계를 넘어 어떤 일을 하더라도 해내는 힘을 갖게 된다. 나 역시 그랬다. MD로서도, 인생에서 어떤 목표를 달성하는 데에도, 원하는 삶을 위해 다음 단계로 이동하는 데에도, '해내는 힘'은 늘 중심에 있었다.

스타트업에서 팀을 꾸릴 때 중요하게 본 부분도 '문제해결 능력'이었다. 자기 사업을 해보았거나 자진해서 변화를 꾀한 적 있는 사람이라면 해당 업무경력이 없어도 무방하다고 보았다. 어느 회사 출신인지, 한 회사를 얼마나 오래 다녔는지는 전혀 상관없었다. 어떤 사고방식으로 어떤 행동을 하는 사람인지, 그래서 어떻게 결과를 낼 수 있는지가 중요했다. 오너십을 갖고 일할 수 있는지, 그리고 기업가 정신이 있는지.

그래서 면접에서 늘 같은 질문을 했다. "무엇인가를 끝까지 해낸 경험이 있나요?"

지원자들의 대답은 다양했다. 아무리 사소한 일이라도 끝까지 해낸 경험에는, 어떻게 일하는 사람인지 그 모습이 담겨 있었다.

회장님 레깅스 프로젝트

끝까지 해낸 경험에 대해 생각나는 에피소드가 있다. 대기업에서 편집숍 바잉MD로 근무할 때의 일이다. 여느 때처럼 컴퓨터 앞에서 판매 데이터를 확인하고 있는데 청담 매장에서 연락이 왔다.

"R브랜드의 블랙 니트 레깅스 재고가 있을까요?"

며칠 전 모 그룹 회장님이 구매했는데 하나 더 구매하고 싶다며 비서가 찾아왔다고 했다. R브랜드는 내가 담당하던 50여 개 브랜드 중 매출 비중이 높지 않은 편이었고, 확보한 물량은 모두 판매되어 재고가 없었다.

"R브랜드는 신생 브랜드라 소량만 바잉했어요. 재고 구하기가 쉽지 않을 텐데요."

하지만 재고가 없다고 끝날 문제가 아니었다. 비서가 반드시 구해야 한다고 신신당부를 하고 갔다고 했다. 매니저의 목소리에서 절박함이 느껴졌다. 편집숍 바잉은 다품종 소량으로 진행된다. 고객의 다양한 니즈에 부응하기 위해 가급적 많은 스타일을 보여준다. 게다가 유럽이나 뉴욕에서 바잉하는 상품들은 쉽게 리오더를 할 수도 없다. 매장에서도 이런 사정을 잘 알기에, 보통은 고객에게 다른 상품을 추천하거나 재고가 없다고 응대하곤 한다. 문제는 고객이 VVIP일 때다. 바로 이 경우처럼.

"제가 한번 구해볼게요."

레깅스 재고를 찾는 일은 점점 커져만 갔다. 그 회장님 비서실에서 각 사업부로 오더를 내린 모양이었다. 해당 그룹 백화점 임원이 우리 회사의 임원에게 '그 레깅스'를 꼭 구해달라며 직접 연락해왔다. 레깅스 하나가 백화점과 브랜드 사이의 영업 구실이 되었다. 해당 그룹 패션회사 MD들에게도 특명이 떨어졌다는 소문이 들렸다. R레깅스와 최대한 비슷한 레깅스를 찾기 위해 MD들이 청담동에 있는 브랜드들을 돌고 있다고 했다. 일명 '회장님 레깅스 구하기 프로젝트'가 시작된 것이다. 레깅스 프로젝트는 안타깝게도 마감기한까지 있었다. 그다음 주 수요일까지 비서실에 그

레깅스가 도착할 수 있게 해달라고 했다. 나를 포함, 모두에게 주어진 시간은 6일이었다.

먼저 R브랜드에 재고 문의 메일을 보냈다. R브랜드는 이탈리아 브랜드였는데, 이탈리아에 본사를 둔 브랜드가 이메일 답신을 바로 하는 경우는 거의 없다고 보면 된다. 다음 날 출근해서 메일을 확인하니 역시나 답장은 오지 않았다. 현지 시각으로 아침 9시가 되자마자 전화를 걸었다. 이미 전 세계 매장으로 출고된 상품이라 재고는 없다고 했다.

MD는 문제해결을 위해 모든 방법을 동원해야 한다. 이제는 그룹 회장님이 중요한 게 아니다. 백화점과 우리 회사와의 영업 관계 때문도 아니다. 담당 MD로서 고객이 요청한 상품을 어떻게든 직접 해결하고 싶었다. R브랜드 본사 담당자에게 부탁했다.

"혹시, 블랙 니트 레깅스를 바잉한 전 세계 판매점 리스트stockist list를 받을 수 있을까요?"

목요일 밤, 유럽과 뉴욕의 편집숍과 백화점에 전부 전화를 돌렸다. 새벽 3시가 다 되어갈 때에야 뉴저지에 '블랙 니트 레깅스' 1pcs가 있다는 것을 확인했다! 문제는 배송이었다. 뉴저지에서 DHL 특급배송으로 보낸다 해도 한국에 다음 주 월요일에는 도착해야 했으니 무리였다. 묘안을 궁리하다 사내에 있는 여행사가 생각났다. 바로 전화를 했다.

"혹시 지금 뉴욕 출장자 중에, 다음 주 월요일까지 입국하시는 분이 있나요?"

수화기 너머로 몇 분을 기다렸다. 제발.

"네, ○○사업부 K과장님이 내일, 토요일 뉴욕에서 출국하시네요."

곧장 뉴욕 법인에 연락했다. 감사하게도 직원분이 손수 뉴저지에서 레깅스를 픽업해주었다. 출장 중이었던 과장님에게도 상황 설명과 함께 양해를 구했다. 촘촘한 어레인지를 거쳐 '회장님 레깅스'는 무사히 비행기를 타고 한국에 도착할 수 있었다. 레깅스가 들어 있던 쇼핑백에는 뉴욕 법인 직원이 포스트잇으로 적어준 메모가 있었다. 끝까지 일하는 태도에 대한 따뜻함을 전하는 메시지였다. 일하면서 주고받은 마음은 잊히지 않는 법이다.

약속된 수요일, 그룹 회장님 비서실에는 30여 개의 쇼핑백이 놓였다고 한다. 그룹사 MD들이 청담동을 돌며 찾은 비슷한 레깅스들이었다. 그중 R브랜드 레깅스는 단 하나. 동그라미 모양의 우리 편집숍 포장지로 곱게 포장한 레깅스를 요청했던 백화점 측에 전달했다. 백화점 담당자가 고맙다며 인사를 전해왔다. 그것으로 회장님 레깅스 프로젝트는 마무리되었다.

사소한 것에 최선을 다한 일이 예상치 못한 기회를 가져다 주기도 한다. 그 후 몇 년이 지나 백화점 바이어로 면접을 보러 갔을 때였다. 그런데 면접관이 나를 보자마자 옆자리 임원에게 이렇게 말하는 것 아닌가. "이 사람, 면접 볼 것도 없어요. 무조건 뽑아야 해요."

　면접관은 '회장님 레깅스'를 요청했던 백화점 담당자였고, 면접은 그가 옮긴 해외사업팀에서 바잉MD를 채용하는 자리였다. 최종 면접까지 빠르게 진행되었고 결과는 합격이었다. 다시 몇 년이 지난 후 같은 분에게서 연락이 왔다.

　"그룹사에서 신규 프로젝트를 하는데 제가 팀을 맡게 되었어요. 함께 일하고 싶은데 이직 생각은 없나요?"

　인연이 아니었는지 다른 커리어를 선택하면서 두 번 모두 함께 일하지는 못했지만, 그때 알게 되었다. 모든 일에 통하는 비결이 있다는 것을. 어쩌면 사소해서 눈에 보이지 않을 수 있지만 그 어느 비법보다 강력하다는 것도. 일에서 끝까지 해낸 경험, 마침표를 찍는 힘은 실력이 된다. 일을 대하는 태도가 곧 어떻게 일하는 사람인지를 말해주기 때문이다. 아무리 큰일도 처음에는 작은 것에서부터 시작되기 마련이다. MD의 실력도, 개인의 진짜 실력도 작은 일부터 끝까지 해내는 힘에 있는 건 아닐까.

끝까지 해내는 힘은 단순히 최선을 다하는 것이 아니라, 끝까지 책임지는 능력이다. 상품을 기획하고 고객에게 팔리기까지의 모든 과정을 책임지고, 전반적인 브랜드의 결을 감안해 상품을 기획하고, 함께 일하는 사람들의 업무와 매출, 성과까지 고려하는 것이다. 이것이 MD의 일이자 책임이라 생각한다.

정신없이 앞만 보고 달리다 보면 성장과 성공이라는 단어 앞에서 머뭇거릴 때가 있다. 내가 지금 잘하고 있는 걸까 하는 하루하루의 조바심도, 몇 년 후에도 이 길을 걷고 있을까 하는 방향성에 대한 고민도 든다. 답은 없다. 하지만 분명히 말할 수 있는 것은 책임을 다하는 과정에서 성장도 성공도 따라온다는 사실이다. 어쩌면 모든 일은 이를 깨닫는 과정이 아닐까.

라잇 나우

좋은 회사란 개인이 성장한다고 느낄 수 있는 곳.
일하면서 개선되길 바라는 프로세스나 체계에 대해
가감 없이 이야기할 수 있는 곳.
건강한 조직문화에 대한 준비가 되어 있는 곳이라고 생각한다.
각자의 역할과 책임이 분명하고 공동의 목표를 정확히 인식하고
그에 따른 의사결정과 실행이 빠르게 이루어지는 곳.

그저 시키는 일을 해야 하니까 하고, 자신의 생각을 말할 수도 없고
잘못된 방향인지 알면서 윗사람이 하라니
그저 말없이 해야 하는 조직을 만들지 않는 것.
아니, 그런 회사는 다니지 않으려고.

이런 이야기를 듣던, 아저씨 같은 친구가 내게 말했다.
"넌 회사원이 아니네.
회사원이 그저 시키는 대로 일하는 거라면."

나는 회사원의 마음이었던 적이 별로 없었다.

아마 앞으로도 그럴 일은 없을 것 같다고 생각했다.

사람은 생긴 대로, 자기답게 살아야 하지만,

그 과정에서 성숙하게 발전하고 더 나아가는 현명함을 갖출 수
있기를 매번 바란다.

회사가 원하는 것, 타인이 원하는 것을 위한 노력만 하다 보면
정작 일을 하고 난 후에 남는 것이 없다.

승진하고 연봉이 오르고 타인의 인정 같은 것을 얻을 수는 있겠
으나, 눈에 보이는 것들에는 유통기한이 있다.

정작 가장 중요한 '내'가 되는 잔여물은 남지 않는다.

회사에서 일하면서 설령 겉으로는 소진된다 해도
안으로는 진짜 나를 지켜내는 것이 중요하다는 것을,
다양한 모습을 한 회사들에서 여러 프로젝트를 하면서
알게 되었다.

내면을 수시로 들여다보기, 책 읽기, 자신과 많은 대화를 나누기.

좋은 사람들을 곁에 두기, 앞으로 나아가기 위한 좋은 환경 만들기.

자신을 이루기 위해 노력하는 사람들은 긍정적이다.

이건 이래서 안 되고, 저건 저래서 안 되고.

무얼 해도 안 되는 것이 아니라,

'그래, 해보자!' 하다가 안 되면 또 다른 방법을 찾아보고, 일단

그냥 해보자는 태도.

우리에게는 작은 실행과 성공이 필요하다.

하나씩 작은 성공을 이루다 보면 어느새 자신이 원하는 모습에

가까이 가 있을 것이라 믿는다.

지금 힘들고 지치고 원하는 일을 찾지 못해 헤매는 중이라면,

뭐든 일단 해볼 것. 작은 일부터 시도할 것.

롸잇 나우!

오프라인 MD vs. 온라인 MD

코로나19가 한창이던 2020년 가을, 브랜드를 만드는 사람들의 모임을 가졌다. 브랜딩, MD, 공간, 그래픽 디자이너 등 여러 분야의 사람들이 온라인에서 얼굴을 마주했다.

그날의 주제는 오프라인 비즈니스의 미래였다. 다양한 의견들이 오갔다. 누군가는 온라인이 세상의 중심이 되고 있다며, 오프라인의 가치와 입지는 점점 줄어들 것이라 했다. 다른 누군가는 세상의 변화에 발맞춰 변신할 오프라인의 새로운 방향성이 기대된다고 이야기했다. 오프라인의 존재이유와 가치에 대해서는 모두가 비슷한 생각을 주고받았다. 실제로 존재하는 오프라인 공간이 주는 힘, 사람들이 자발적으로 움직이면서 직접 만지고 느끼는 행위와 감정은 온라인이 대체할 수 없다는 의견이 지배적이었다. 그럼에도 한편으로는 오프라인과 온라인의 역할 변화가 앞으로 우리의 삶과 일에 어떤 영향을 미칠지, 걱정 어린 얼굴들이 그날의 화면을 채웠다.

코로나19로 당연했던 일상이 변했다. 라이프스타일은 리셋되는 중이다. 말할 것도 없이 우리의 생활방식은 온라인으로 대거 이동했다. 새벽배송으로 장을 보고, 앱으로 원하는 맛집을 찾아 배달 주문한다. 온라인으로 학교 수업을 듣고, 재택근무를 해도 회사는 문제없이 돌아간다. 온라인에서 보내는 일상이 익숙해지면서 사람들은 기존 방식에 의문을 갖기 시작했다.

"반드시 필요한 걸까?"

"더 편리한 방법은 없는 걸까?"

"꼭 이렇게 해야 할까?"

어느 한쪽의 손을 들어주기 어려운 시대, 우리는 존재이유가 명확한 브랜드, 제품, 서비스로 몰린다. 가장 편리하거나, 독보적으로 맛있거나, 즉시 도움이 되거나. 반면 애매한 곳은 점차 사라진다. 오프라인과 온라인 모두 직접적인 가치를 줄 수 있어야 시장에서 살아남는 구조로 변하고 있다.

급변하는 시대의 한가운데에 있는 기분은 묘하다. 어제는 오랜

옛날처럼 느껴지고 내일은 완전히 새로운 세계가 열릴 것 같은 느낌이랄까. 우리는 모두 변화의 경계에 살고 있다. 얼마 전에는 유튜브 알고리즘 추천으로 1920년대 재즈 영상을 보게 되었다. 경쾌한 느낌의 재즈를 연주하는 사람들의 흥겨운 표정을 보면서 그 시대 사람들은 100년 후, 지금의 2020년대를 상상이나 했을까 하는 생각을 했다. 앞으로의 100년은 얼마나 달라질까.

유통업계도 다이내믹한 변화를 겪고 있다. 몇 년 전부터 오프라인 유통 중심의 기업들은 생존을 위한 시도를 해왔다. 무엇이든 새로워 보이게 만들어서 고객의 발길을 유도해야 했다. 온라인 진출도 선택이 아닌 필수가 되었다. 얼마나 발 빠르게 실행했느냐에 따라 결과는 확연히 달랐다. 글로벌 SPA 브랜드 자라ZARA는 앞으로 1~2년 내로 전 세계에 있는 오프라인 매장 1200개를 닫고 이커머스에 집중하겠다고 발표했다. 100년 이상의 역사를 지닌 미국의 고급 백화점 바니스 뉴욕은 2019년 파산했다. 아무리 화려한 명성과 업적을 쌓았더라도 온라인 시대에 적응하지 못한 곳은 가차 없이 사라진다.

기업의 움직임만 달라진 게 아니다. 일상에서도 특별한 이유 없이 오프라인 공간에 가는 일이 줄었다. 방문의 목적이 뚜렷해야 한다. 외식 횟수가 줄어든 만큼 일단 나가면 평소 가장 가고 싶었던 맛집을 찾는다. 카페를 가더라도 공간이나 분위기를 먼저 본다. 이왕이면 멋진 사진이 찍힐 만한 곳이거나 온전한 휴식이 가능한 곳을 찾는 것이다. 공간도 소비의 대상이 되었다고 할까. 오프라인은 '가치'가 있는 곳 중심으로 재편되는 중이다.

여의도에 자리한 더현대서울의 성공적인 오픈은 그러한 점에서 눈여겨볼 만하다. 최단기간 1조 원 매출 달성이 기대되는 이유는 트렌드와 고객의 니즈를 반영한 MD 구성이 적중했기 때문일 것이다. 더현대는 기존의 백화점보다 판매공간을 줄이고 가드닝을 더해 휴식공간을 확대했다. 성수동, 한남동 등에서 볼 수 있었던 MZ세대 타깃의 편집숍, 카페, H&M 그룹 아르켓Arket의 첫 번째 한국 매장과 미술관 등, 백화점에서 만날 거라 예상치 못했던 콘텐츠를 재구성해 새롭게 선보였다. 기존의 백화점에서 찾아보기 힘들었던 새로운 가치의 제안이다.

그런가 하면 온라인, 이커머스에서는 시장점유율 경쟁이 한창이다. 대기업, 스타트업, 종합몰, 오픈마켓, 자사 브랜드몰, 개인 스마트스토어까지 그야말로 총성 없는 전쟁이 벌어지고 있다.

삼성물산과 신세계인터내셔널 등의 패션 대기업은 자사몰을 확장하는 중이다. 직접 운영하는 브랜드는 물론 국내 디자이너, 해외 럭셔리, 라이프스타일 브랜드를 입점시켜 플랫폼화하고 있다. 쿠팡, 네이버, 카카오도 변화하는 시장에서 선두를 차지하기 위해 발 빠르게 움직이고 있다. 카카오는 패션 플랫폼 지그재그를 인수했고, SSG는 W컨셉을 2650억에, 무신사는 스타일쉐어·29CM를 인수 확정했다.

현재 커머스 플랫폼의 화두는 누가 더 많은 MZ세대 유저를 확보하느냐에 달린 듯 보인다. 무신사는 MZ세대를 위한 명품 카테고리를 확장했으며 성수에 오프라인 편집숍을 오픈했다. 29CM, EQL, W컨셉 등 많은 이커머스 플랫폼이 오프라인 공간으로 확장했다. 이제 공간은 단순한 상품을 구매하는 곳이 아니라, 브랜드 경험을 원하는 고객들의 니즈를 반영하여 발전하는 중이다.

리테일의 변화 속 MD의 일

리테일의 변화는 MD의 일에도 영향을 미친다. MD가 되려면 오프라인과 온라인 중 어느 쪽에서 활동할 것인지 선택해야 한다. 오프라인과 온라인 MD 모두 상품 중심으로 고객경험을 기획한다는 업의 본질은 동일하다. 샤넬 MD도 쿠팡의 MD도 고객에게 상품을 판매해야 한다는 업무는 같다. 타깃고객을 위한 상품을 기획하고, 고객에게 우리 브랜드가 무엇을 파는지 메시지를 명확하게 주고 가격과 프로모션을 관리한다. 고객의 재방문을 유도하기 위한 매력적인 상품을 유지, 관리하는 것도 MD의 중요한 일이다.

업의 본질은 같지만, 온라인과 오프라인의 기본 성질에는 차이가 있다. 고객 입장에서 쇼핑했던 경험을 떠올려보면 각각의 MD가 하는 일을 좀 더 쉽게 이해할 수 있을 듯하다. 먼저 오프라인 쇼핑을 한다고 가정해보자. 가로수길의 SPA 브랜드 플래그십 스토어에 쇼핑을 하러 간다. 매장 윈도우의 VMD를 보니 오늘의 쇼핑에 기대감이 생긴다.

매장 안으로 들어가면, 입구 정면에 여름 원피스와 함께 입으면 좋을 카디건이 행거에 컬러별로 걸려 있다. 테이블에 놓인 와이드핏 리넨 팬츠는 편해 보인다. 상품 옆 POP에는 가격과 프로모션 안내가 되어 있다. 선반 위 가방도 들어보고 행거 아래 놓인 신발도 신어본다. 모두 잘 어울리는 상품들이라 고민된다. 다음 구역 zoning으로 넘어가 보니, 이번에는 집에서 편하게 입을 수 있는 원마일웨어one-mile-wear가 다양한 스타일로 진열되어 있다. '마침 필요했던 옷들인데'라는 생각에 우선 피팅룸에서 입어보면서 결정하려고 한다.

이처럼 오프라인 고객들은 VMD를 통해 MD(상품)를 보고, POP를 보며 프로모션 혜택을 인지한다. 옷을 입어보고 마음에 들면 계산한다. 식품을 구매할 때도 비슷한 경로를 거친다.

온라인과 오프라인의 가장 큰 차이는 공간의 제약 유무다. 오프라인 MD라면 공간과 상품을 동시에 그릴 수 있어야 한다. 기획한 상품이 고객에게 어떻게 프레젠테이션될지, 공간에 어떻게 놓일지 상상하며 그림을 그리는 것이다. 공간은 상품을 보기에도 좋아야 하지만, 무엇보다 편안하게 쇼핑할 수 있도록 설계되어야 한다. 이것이 맞아떨어질 경우 높은 매출이라는 결과로 이어진다. 보이는 진열만이 전부는 아니다. 제한된 공간에서 운영하기에 효율적인 SKU 수와 재고관리 등을 고려하는 것도 오프라인 MD의 몫이다.

이제 이커머스에서 쇼핑을 해보자. 필요한 상품을 사기 위한 '목적구매'라면 우선 검색부터 시작한다. 당장 새벽에 받아야 하는 상품이라면 쿠팡에 있는지 찾아본다. 쿠팡에 찾는 상품이 없다면 네이버 쇼핑에서 최저가를 검색하고 리뷰를 확인한 다음 주문한다. 카테고리마다 이용하는 앱이 다른데, 전문적인 패션 상품을 보고 싶을 땐 특화된 앱을 이용한다. 다양한 패션을 한꺼번에

볼 수 있어서 편리하다. 감도 있는 상품을 쇼핑할 때면 가급적 큐레이션된 앱을 선호하는 편이다. 식품은 마켓컬리에서, 패션은 SI빌리지S.I.VILLAGE에서, 리빙은 해외 직구 사이트에서 이것저것 둘러본다. 기획전에서 제안하는 상품들이 매력적이면 쉽게 구매로 이어진다. 세일 코너와 신상품도 한 번씩 둘러본다.

이커머스에서 중요한 것은 쇼핑의 편리함, 정보의 정확성이다. 온라인에서는 고객 평이 좋지 않거나, 회원가입 혹은 결제 시스템이 불편하면 다른 앱으로 갈아타기 십상이다. 클릭 한 번에 고객을 놓칠 수 있기 때문에 온라인에서는 최대한 많은 SKU 상품을 등록하고 가격 경쟁력을 확보하는 것이 무척 중요하다. 즉 오프라인은 MD가 기획한 상품이 재고로 남기 때문에 SKU별로 매출 분석과 운영을 면밀히 살피는 반면, 온라인 플랫폼은 개별 상품 하나하나를 꼼꼼히 신경 쓰기보다는 기획전 또는 브랜드 단위로 최대한의 매출을 이끌어내는 방식으로 일을 진행한다.

또한 이커머스 MD는 앱에 유입된 고객이 오래 머물면서 다양한 상품을 클릭하고 구매할 수 있도록 해야 한다. 그러기 위해서는 뾰족한 기획이 필요하다. 기획전 이미지와 카피, 기획전이 고객에게 주는 혜택 등을 한눈에 들어오게 하여 선택을 이끌어내야 한다. 짧은 시간 안에 고객을 설득하는 마케터로서의 능력을 발휘해야 하는 지점이기도 하다. 이 밖에 오픈마켓, 자사몰, 패션커머스, 종합몰 등 세부적인 유통 형태에 따라 이커머스 MD가 일하는 방식이 조금씩 달라진다.

가격과 배송 등에서 첨예한 경쟁이 벌어지던 이커머스도 최근에는 세밀한 상품 기획력이 점점 더 중요한 시장으로 변화하고 있다. 이커머스의 지금 상황을 단적으로 말하자면, 가격경쟁으로 시작해 서비스 경쟁을 거쳐 이제 상품 기획력의 경쟁으로 넘어가는 단계다. 서비스의 상향 평준화로 어디에서 구입하든 기본 조건은 비슷하기에, 결국 고객은 '좋은 상품'을 구매할 수 있는 곳을 찾아 이동하게 된다. 큐레이션 관점에서 상품을 제안하는 능력이 점점 중요해지는 이유다.

기획전을 구성한다고 가정해보자. 타 경쟁사 기획전 조사, 트렌드에 맞는 컨셉 선정, 적재적소의 상품 구성, 매출 목표와 실행 계획 등을 챙기는 것이 MD의 일이다. 이러한 흐름에 맞춰 최근 오프라인 MD 경력자들이 온라인으로 대거 이동하고 있다. 기획전을 구성하는 데에만 의의를 두는 MD는 설 자리가 좁아질 수밖에 없다.

이커머스는 기술과 서비스를 기반으로 하지만, 저 너머에는 사람과 상품이라는 변치 않는 대상이 있다. 오프라인에서 온라인으로 장소만 달라졌을 뿐 고객들의 니즈와 원츠에는 변함이 없다. 고객들의 라이프스타일은 오프라인과 온라인을 오가며 자기만의 모양을 갖춰갈 것이다. 온라인을 오프라인처럼, 때로는 더욱더 디테일하게, 나아가 공간과 상품의 물성을 온라인에서도 느낄 수 있도록 기획하는 감각이 필요하지 않을까. 자신이 파는 상품을 통해 고객이 더 나은 일상을 살 수 있도록, 누군가의 삶에 점을 찍는 것이 MD의 일이다.

사람이 중심이 되는 브랜드 경험

'브랜드'란 무엇일까?

이름을 정하고 적당히 유행을 따라 예쁘게 매장에 색을 입히고,

팔릴 만한 상품을 갖다 놓고 유명 모델을 써서 광고하고,

매장이나 온라인에서 판매한다고 브랜드가 되는 것일까.

주변을 둘러보면 '브랜드'를 쉽게 만날 수 있다.

특별한 컨셉으로 고객을 사로잡는 브랜드도 있다.

하지만 브랜드 철학이나 가치를 브랜드 운영 전반에 접목시킨

사례는 쉽게 찾기 힘들다.

브랜드가 고객 마인드에 각인되려면

브랜드 고유의 철학이 지속적으로,

고객과 브랜드의 접점, 모든 부분에

일관되게 녹아들어 있어야 한다.

대부분 브랜드들이 그렇게 하고 있지 않느냐고?

그렇다. 하고 있다.

브랜드 로고, 매장 인테리어, 패키지, 그래픽까지,

겉을 싸고 있는 포장지를 예쁘고 일관되게 만든다.

하지만 '왜 소비자가 그 브랜드를 택해야 하는지'가 없다.

특별한 가치가 느껴지지 않는다.

철학이라는 것이, 그저 반복해서 말한다고 생겨날까?

브랜드에서 상품은 가장 중요한 부분이다.

유통채널, 가격정책, 마케팅, 홍보 등도 브랜드의 일관성에서 중
요하다.

하지만 더 중요한 것은 디테일한 서비스일지도 모른다.

판매 서비스 방식과 구매 과정에서

고객 경험 곳곳에 브랜드 철학이 동일하게 적용되어야 한다.

오프라인이라면, 매장구성과 매장 스태프의 서비스까지,

온라인이라면 서비스 기획이 고객관점의 브랜드 경험을 위해

설계되어야 한다.

좋은 브랜드는 결국 '사람'이 중심이 된다.

브랜드를 만드는 사람도 세밀하게 사람을 생각하고

브랜드를 경험하고 구매하는 사람도 브랜드를 만든 누군가를 느낄 수 있는,

사람을 중심에 두고 기획한 브랜드만이 살아남고 자라날 수 있다.

쉬어가는 코너 : MD가 되려면?

스타트업에서 MD들을 대상으로 강의한 적이 있다. 수십 명의
MD들과 둥글게 모여 앉아 대화 형식으로 질의응답을 주고받았
다. 세상에 없던 일을 치열하게 해낸 사람만이 품었을 법한 현실
밀착형 질문들이 쏟아졌다. MD의 커리어 관리, 일 잘하는 팁, 트
렌드를 반영하는 법, 마음관리와 체력관리까지 다양한 주제로 대
화를 나눴다. 그중에서도 기억에 남는 질문이 있었다.

"MD는 스페셜리스트일까요, 제너럴리스트일까요?"

강의를 마치고도 며칠 동안 머릿속에 그 질문이 맴돌았다. MD
는 과연 스페셜리스트일까, 제너럴리스트일까.

일의 성격을 놓고 보면 MD는 스페셜리스트 같기도 하다. 숫자와 감각, 논리, 트렌드, 기획력 등 다방면의 역량이 요구된다. 실에 구슬을 꿰는 것처럼 무엇 하나 허투루 넘길 수 없다. 그렇다고 특별한 자격이 필요한 것은 아니다. IT 개발자와 같은 기술직도 아니다. 종종 MD 자격증을 준비하는 분들을 만나는데, MD를 위해 필요한 자격증은 없다. 자격증이 있다고 취업할 때 가산점을 받거나 승진, 연봉협상에서 강점이 되는 것도 아니다. 오히려 미리 준비하면 좋은 것은 엑셀 활용능력이다. 숫자를 읽고 엑셀을 잘하는 것은 중요하다. 이커머스MD는 회사에 따라 포토샵이나 일러스트레이터를 다룰 줄 알면 도움이 된다.

해외와 커뮤니케이션을 하는 MD의 경우 영어 능력은 필수다. 특히 해외 럭셔리 브랜드의 바잉MD는 해외 유학 경험이나 유창한 영어 실력이 가산점이 된다. 중국과 의사소통할 일이 많다면 당연히 중국어 실력이 도움이 된다. 대기업, 외국계, 스타트업 어디를 다니든 학벌이 좋아서 나쁠 건 없다. 하지만 학벌이 필수조건은 아니다. 하버드 MBA 출신이라고 MD 일을 잘하는 건 아니었다. 전공도 크게 상관없다. 공대생이라 MD를 할 수 없거나 패션 전공자만 패션MD가 되는 것도 아니다. 실제로 MD를 하면서 만났던 분들의 전공을 보면 경영, 경제, 어학, 엔지니어링, 디자인,

미술 등 다양했다. 조금 밋밋한 결론일지는 모르지만, 기본적으로는 학벌, 전공과 관계없이 누구든 MD가 될 수 있다.

이렇게 보면 MD는 스페셜리스트보다 제네럴리스트에 더 가까울지도 모르겠다. 그러나 진입장벽이 높지 않다고 해서, 누구나 MD를 할 수 있다고 해서 업무가 쉬운 것은 결코 아니다. 날카로운 기획을 하고 단계별로 실행하는 것, 여러 분야에 관심 갖고 유연한 사고를 잃지 않는 것, 목표한 바를 끝까지 해내는 끈질김, 냉철한 분석과 감각을 멀티로 활용해 일하는 능력, 이러한 역량을 갖추기란 만만치 않다.

어찌 보면 이커머스 MD의 일은 개인이 스마트스토어를 운영하는 것과 비슷하다. 네이버에서 스마트스토어를 오픈하는 데 특별한 자격이 필요하지는 않다. 그러나 높은 매출을 내는 곳은 극히 드물다. 상세 페이지에 설득력을 담아야 하고, 썸네일은 고객을 클릭하게 만들어야 한다. 가격 경쟁력을 갖춘 상품을 소싱해야 하는 것은 기본이고, 적정한 마진을 확보해 이익을 남겨야 하며, 시즌과 트렌드에 맞는 키워드를 추출해 광고도 돌려야 한다. 유튜브에서 공식처럼 알려주는 '스마트스토어 키우는 법'을 그대로 따라 하는 것도 쉬운 일이 아니다. 매일 반복하고 수정하고 될 때까지 하는 사람만이 좋은 결과를 얻는다.

MD라는 직업을 준비하려면 현업에 발을 들여보는 것도 꽤 중요하다. 취업준비를 위해 스마트스토어를 직접 운영하며 매출을 내보는 것도 방법이다. 오프라인 브랜드에서 파트타임으로 현장을 경험하는 것도 도움이 된다. 중요한 것은 내가 지원하고자 하는 분야의 리테일이 어떻게 움직이는지 직접 경험하고 아는 것이다. 상품이 어떤 방식으로 유통되는지, 고객들이 왜 구매하는지 혹은 하지 않는지를 아는 사람과 모르는 사람의 차이는 매일매일 커진다.

예를 들어 두 지원자가 마켓컬리에 면접을 보러 왔다고 하자. 첫 번째 지원자는 명문대학 식품 관련 학과를 우수한 성적으로 졸업했지만 다른 경험은 없다. 마켓컬리에서 물건을 구매해본 적도 없다. 또 다른 지원자는 마켓컬리, 오아시스, 네이버 푸드윈도우, SSG, 쿠팡 등 온라인상에서 식품을 종종 구매한다. 플랫폼별로 장단점을 정확히 파악하고 있으며, 리뷰도 촘촘히 본다. 식품으로 스마트스토어를 오픈해 일정 매출을 올려본 경험이 있다. 인스타그램에서는 레시피를 소개하는 인플루언서들을 팔로우하고 있다. 졸업성적이 뛰어나거나 관련 전공을 하지 않았다.

단적인 예지만 두 지원자의 인성과 태도가 비슷하다면 두 번째 지원자가 MD 일을 잘할 가능성이 훨씬 높다. MD를 잘하려면 업계의 고객과 상품을 잘 이해하고 있는지가 무엇보다 중요하다. 업계에 대한 관심과 실제 유저로서 몸에 쌓인 경험이 일에서 발휘하는 센스가 되고 실력이 된다.

MD를 준비하는 분들과 이야기를 나누다 보면 모두 비슷한 고민을 하고 있다. 회사는 경력 같은 신입을 원하기에, 구직자는 포트폴리오와 인턴, 공모전 등 취업준비를 위해 최선을 다한다. 최선을 다하는 만큼 첫 번째 회사를 선택할 때면 자연히 신중해진다. "이 회사가, 이 일이 최선의 선택인가?"를 되묻게 된다. 온라인에는 수많은 정보가 넘쳐나지만, 들으면 들을수록 무엇이 정답인지 헷갈린다. 내가 무엇을 좋아하는지 잘 모르겠다는 생각마저 든다.

그런 고민을 듣고 있노라면, 저절로 나의 취업준비 시절이 떠오른다. 나 역시 이력서를 60군데나 내고 10번 면접에 떨어지면서 비슷한 감정을 느꼈다. 면접에서 탈락했다는 연락을 받을 때마다 좌절감이 들었다. 하지만 포기하지 않고 계속 시도한 끝에, 운 좋게 열한 번째 면접에서 MD가 되었다. 최선의 선택인지는 중요하지 않았다. 지금 손에 쥐어진 기회를 놓치지 않아야 했기에 앞만 보고 달렸다. 가끔 넘어지기도 했고, 멀리 돌아가기도 했다. 그러다가 두세 단계를 훌쩍 뛰어넘는 일도 생겼다. 커리어에 정답 같은 노선은 없었다. 1 다음에 2가 아니라 5 혹은 -1이 올 수도 있음을 알게 되었다. 타인이 정해준 안전한 길을 가면서 내 삶에 만족하지 못하는 시간을 보내기보다, 내가 가치 있다고 믿는 인생을 살기 위해 이리저리 부딪치고 도전하는 시간의 소중함도 알게 되었다.

드물게, 실패의 경험에서 위로받은 적도 있다. 취준생 시절 해외 럭셔리 브랜드 MD를 뽑는 최종면접에 탈락한 적이 있다. 최종면접 후보 두 명 중에서 떨어지자 낙담은 둘째치고 이유나 알고 싶었다. 회사에 전화를 걸어 "혹시 면접 보셨던 임원분과 통화할 수 있을까요?"라고 물어보았다. 담당자는 당황한 눈치였지만 정중하게 상황을 설명했다. 면접에서 왜 떨어졌는지 알고 다음 면접에 보완하고 싶어서 그런 것이니 꼭 부탁드린다고 했다. 전화로 연결된 임원분이 껄껄 웃으며 말했다. "직장생활 20년 넘게 했는데 ○○씨 같은 분은 처음 봐요. 능력이 부족해서가 아니에요. 우리 브랜드가 이탈리아 브랜드인데도 이탈리아어를 유창하게 하는 사람이 없어서, 이탈리아에서 대학교를 나온 사람을 채용하게 되었습니다. 부디 좋은 직장에 취업 잘하시길 바랍니다."

사실이건 아니건 중요하지 않았다. 이유를 물었다가 위안을 받았다.

그로부터 5년 후, 두 번째 직장에 다닐 때였다. 마케팅팀의 A가 새로 입사한 B라는 직원을 소개해주겠다고 했다. 인사를 나누고 보니 B는 내가 면접을 보았던 그 이탈리아 브랜드에서 이직한 사람이었다. 혹시나 하는 마음에 조심스레 물었다.

"혹시 그 이탈리아 회사에 200×년에 입사하셨어요? 이탈리아에서 대학교를 졸업하셨고요?"

"어머, 어떻게 아셨어요?!"

B는 5년 전, 내가 떨어졌던 이탈리아 브랜드의 최종 합격자였다. 시간이 흘러 같은 회사에서 만난 것이 그때는 무척 신기했다. 한 명은 떨어지고 한 명은 붙었는데 이렇게 만날 수 있다는 것에 반가우면서도 여러 감정이 일었다.

이제는 안다. 미래에 벌어질 일은 아무도 모른다는 것을. 가야 하는 방향이 틀리지 않고 하루하루 차분하게 실력을 쌓는다면 좋은 기회는 반드시 찾아온다는 것을. 지금 조금 늦더라도 전혀 불안해할 필요가 없다는 것을. 기본을 확실히 해두면 어디에서든 통한다는 것도 안다.

그러니 최선의 선택이 무엇인지 정답을 찾느라 너무 고민하지 않았으면 좋겠다. 정답은 없다. 어떤 선택이든 리스크는 따른다. 하나를 택하면 다른 하나는 잃게 되어 있다. A라는 선택에는 안정이, B라는 선택에는 새로운 경험이 있다면, A를 택하면 새로운 경험을 하지 못하는 리스크가 있고, B를 택하면 안정적이지 못한 리스크가 있는 것이다. 앞으로 어떤 삶을 살고 싶은지, 지금 내 상황에서 할 수 있는 최선의 선택이 무엇인지, 어느 하나를 택했을 때 생기는 리스크를 대비할 수 있는지, 지금 이 선택을 하는 목적을 생각하고 결정하면 된다. 다만 자신 있게 권할 수 있는 것은, 실행하고 경험하며 실력을 쌓으라는 것이다. 무엇이든 해보는 과정에서 자신이 원하는 것을 알게 되니까. 그 순간 취업 준비의 기준이 외부가 아닌 자신이 된다. 모든 취준생 분들에게 파이팅을 보낸다.

취향을 결과로 만드는 능력

브랜드부터 유통, 대기업, 외국계, 스타트업, 온오프라인의 MD들과 만나고 일하면서 '잘한다는 것'에 대해 생각하곤 했다. 같은 일을 했는데 결과가 왜 이렇게 다를까? 어떤 사람은 쉽게 하고, 어떤 사람은 같은 일을 해도 어렵게 접근했다. 매출이 잘 나온다고 반드시 결과가 좋은 것도 아니었다. 자연히 '일 잘한다'는 의미에 대해 생각할 수밖에.

MD는 기획자다. 일 잘하는 MD는 자신을 '기획하는 사람'이라 생각한다. 남들과 같은 일을 해도 스스로 생각하고 제안한다. 제안하는 대상(고객)에 대한 고민이 늘 따라다닌다. 자연스레 많은 곳을 둘러보게 되고 의문도 많아진다. '왜 그럴까?' 하는 호기심이 꼬리를 문다. 머릿속에 떠다니는 생각들은 모였다 흩어지기를 반복하며 뾰족한 기획으로 거듭나는 과정을 거친다. 무엇을 어떻게 제안해야 고객이 만족할 수 있을까? 종국에는 우리 브랜드는 어떤 브랜드가 되어야 하는지에 대한 생각까지 다다른다. 스스로 하는 생각은 끝없이 뻗어나간다.

MD라고 모두 기획자처럼 일하는 것은 아니다. 주어진 일을 진행하는 데 집중하는 MD도 있다. 상품을 운영하고 가격을 조정하고 때가 되면 프로모션을 한다. 작년에 판매가 좋았던 상품을 고민 없이 다시 진행한다. 둘의 차이는 일을 대하는 태도다.

하지만 능동적인 태도를 갖추었다고 기획을 잘할 수 있을까. 그럴 수도 있고 아닐 수도 있다. 일을 잘하는 것과 기획을 잘하는 것은 조금 다른 문제다.

기획은 '취향을 결과로 만드는 힘'에서 시작된다. 기획을 잘하려면 자신의 취향이 뚜렷하되 대중을 이해해야 한다. 자신의 취향이 대중적인 결과가 될 때 좋은 기획이 된다. 취향은 좋거나 싫은 기호들의 합이다. 좋아하는 것은 더하고, 싫어하는 것들을 빼고 남는 것들이 나의 취향이 된다. 그렇게 정련된 취향은 비슷한 색채를 띤다. 꼭 물건에 대한 취향이 아니어도 어떻게 생각하고 무엇을 선택하고 행동하는지가 쌓여 개인의 취향이 된다. 현대미술에서 어떤 세계관을 추구하는지에 따라 여러 '이즘ism'이 생겨나는 것처럼. 무엇을 추구하는지를 기반으로 그 사람의 취향이 켜켜이 쌓여간다.

'취향' 하면 떠오르는 장면이 있다. 밀라노 출장 중에 있었던 일이다. S와 J 그리고 나까지 셋은 일정을 마치고 몬테 나폴레오네에서 저녁을 먹고 있었다. 바잉 출장은 설렘과 터프함이 공존한다. 그날도 패션쇼와 쇼룸에서 수십 개 브랜드의 바잉을 마친 후였다.

"어떤 도시를 가장 좋아해?"

대뜸 S가 물었다. S는 10CC 밀라노의 MD로, 당시 15년 넘게 10CC 바이어로 일하고 있었다. "I like Roma." 자신은 로마를 가장 좋아한다고 했다. 일할 때 한없이 진지한 그녀가 로마를 좋아한다고 말할 때에는 무척 즐거워 보였다. 나는 밀라노라고 답했다. 20대에는 뉴욕과 파리를 좋아했지만 밀라노라는 회색 도시의 숨겨진 매력을 사랑하게 되었다고. 이어 J가 답했다. "난 라스베이거스!"

그러자 S는 놀라서 큰 눈을 동그랗게 뜨면서 말했다.

"왜? 그 도시는 모든 것이 가짜잖아?"

브랜드의 오리지널리티를 선별해 바잉하는 것이 중요한 10CC MD에게는 라스베이거스를 좋아하는 J의 취향이 생경했던 모양이다. MD 개인의 취향이 기획에도 어느 정도 반영되기 때문일까. 취향을 떠올릴 때마다 그날의 저녁식사가 생각난다.

또 한 번은 10CC의 디자인을 책임졌던 크리스 루스Kris Ruhs와 삼청동의 한식집에서 식사를 할 때였다. 크리스는 10CC 오픈을 준비하는 1년 동안 상대방을 즐겁게 하는 엉뚱한 매력을 보여준 아티스트였다. 식사 도중 갑자기 크리스가 물었다. "좋아하는 포토그래퍼 있어?" 나는 갑작스러운 질문에 미처 대답하지 못했다. 사진을 좋아한다고 생각했지만, 취향이라고 할 만큼 깊게 파고든 적은 없었다. 좋아하는 것을 이야기할 때 얼마나 진심이어야 하는지, 좋아한다는 말에도 고민이 필요하다는 것을 그날 알게 되었다.

평소에 좋은 느낌이 드는 물건이나 경험을 반복적으로 만나며 '아, 나는 이런 것들을 좋아하는구나'라고 알게 되지만, "무엇을 좋아하세요?"라는 질문에 단번에 또렷한 취향을 꺼내놓기란 말처럼 쉽지 않다. 그래서인지 취향이 좋은 사람을 보면 기분이 좋다. 스스로를 잘 아는 것 같은 단단함이 느껴지는 동시에, 드러내기 위한 치장을 하지 않기 때문이다. 좋은 취향은 상대방에게도 전달되고 기억되기에, 취향이 좋은 사람을 만나면 덩달아 좋은 취향을 하나 얻은 듯하여 반갑기까지 하다.

이 책을 읽고 있는 당신은 어떤 취향을 갖고 있는지 궁금하다. 평소 무엇을 좋아하는지. 혼자 있을 때는 어떤 음악을 듣고, 무슨 책을 좋아하는지, 영화를 자주 보는지, 전시회를 즐겨 가는지. 패션 스타일은 어떤지, 좋아하는 소품이나 가구 스타일은 무엇인지. 좋아하는 음식은? 커피는 아메리카노인지 라떼인지, 겨울에도 아이스로 마시는지, 선호하는 원두 브랜드가 있는지, 아니면 그냥 믹스커피 취향인지.

사람마다 취향의 모양은 다르지만 옳고 그름은 없다. 머리부터 발끝까지 명품을 입고 미슐랭 레스토랑을 자주 간다고 해서 무조건 취향이 좋다고 볼 수도 없다. 포장마차에서 소주를 즐긴다고 취향이 없는 것이 아니다. 오히려 MD라면 포장마차와 미슐랭을 넘나들듯 다양한 층위의 경험을 쌓아가야 '어디에서나 통하는 취향'을 건져낼 수 있다. 기획자는 사람들이 어떤 지점을 좋아하는지 알고, 그 포인트를 살짝 건드릴 줄 아는 사람이다.

경험이 쌓일수록 나의 취향을 정의할 수 있는 것은 물론, 자연스레 다른 사람들의 취향도 눈에 들어온다. 자신에 대한 관심은 곧 바깥으로 이어지고, 사람들과의 상호작용을 통해 다양한 정보를 얻는다.

"A보다 B가 더 좋다, 그런데 이건 좀 과한데? 오히려 이거랑 저게 어울리지 않아?"

이런 질문들을 주고받으며 여러 세계를 혼합하고 재조합해 새로운 것을 만들어낸 경험이 있을 것이다.

편집매장에 가보면 상품과 공간이 적절하게 어우러져 편집과 기획의 의도가 확실하게 드러나는 곳이 있다. 어떤 상품과 메시지를 전달하고자 하는지가 또렷한 것이다. 반면 여러 컨셉을 한데 모아놓아서 무슨 메시지를 전하려는지 알 수 없어 답답하거나 지루했던 곳도 있을 것이다. 편집매장은 각각의 브랜드, 상품 하나하나가 중요한 구성요소이므로 편집 주체인 MD의 취향이 꽤 결정적인 요소가 된다. 스스로 취향을 다듬어가는 사람이어야만 기획을 제안할 때도, 대상을 바라볼 때도 날카로운 시선을 가질 수 있다.

정도의 차이는 있지만 브랜드MD, 리테일MD도 이커머스MD도 예외는 아니다. 취향이 만능 치트키는 아니지만, 기획은 좋은 취향에서 시작된다. 취향이 원재료라면 논리적 사고로 이를 다듬어 고객을 위한 제안을 만들어내는 일이 기획이다.

그렇다면 MD의 취향은 어떠해야 할까? 우선 기본에 충실하면서도 감각적이고 유연해야 한다. 어느 한쪽으로 치우치지 않은 균형 감각도 중요하다.

좋은 취향을 가지려면 노력은 필수다. 우선 관심 가진 분야를 가급적 많이 경험하고 소비하는 과정에서 취향의 실마리를 찾을 수 있다. 여행에 확고한 취향이 있는 사람은 아무래도 여행을 많이 다녀본 사람이다. 혼자서도 여행을 가보고, 다양한 도시와 나라를 다니다 보면 본인만의 여행 방식이 생긴다. 짐을 꾸리는 스타일, 호텔과 에어비앤비, 게스트하우스에 대한 선호, 아침을 먹는 방식, 미리 계획을 짜는지 아니면 즉흥적으로 여행지에 머무는지, 여행에서 늘 하는 일들과 다시 돌아와 일상에 적응하는 법까지.

즉 우선 많이 사용해보는 것이 중요하다. 패션MD라면 옷에 관한 한 누구보다 많이 입어보고 알아야 한다. 옷을 입어봐야 디자이너의 의도를 알게 되고 사이즈가 크게 나왔는지 작게 나왔는지를 몸으로 체득하게 된다. 자연스럽게 상품에 대한 지식이 쌓인다. 어울리는 소재와 핏의 조합인지. 트렌드에 앞선 건지 뒤처진 건지. 적당한 선에서 기획된 상품인지. 일반 소비자는 잘 알아보기 힘든 미세한 차이를 습득하게 되는 것이다. 좋은 상품을 만드는 데 정답은 없지만 미세한 룰이 있다. 와이드 핏이 유행이라 해도 끝없이 넓을 수는 없다. 미드센추리 모던 가구가 트렌드라면 어느 정도로 보여줘야 적당할지, 넘지 않을 선을 스스로 정해야 한다. 이때 키가 되는 것이 기획자의 감각이다.

보통 감각은 공부해서 익히는 것이 아니라고들 하지만 아예 불가능한 정도는 아니다. 기본적인 센스가 있고 꾸준히 노력한다면 감각도 키울 수 있다. 다른 사람이 작성한 글이나 인스타그램으로 공부한 트렌드를 줄줄 읊는 것만으로는 감각이 늘지 않는다. 감각이란, 말 그대로 감각을 깨우는 실제 행동을 통해 몸에 체득되는 것이다. 직접 만져보고 먹어보고 입어보고 느껴보는 것, 감각을 깨우는 행동이 쌓여 감각이 비로소 내 생활이 될 때, 감각을 익혔다고 할 수 있다.

언젠가부터 "나는 무엇을 좋아합니다"라고 자신 있게 말하는 사람을 볼 때마다, 그 뒤에 얼마나 많은 경험이 쌓여 있을지를 가늠해보게 된다. 뾰족한 취향을 가지려면 절대적으로 무수한 인풋이 필요하다. 그중에서 마음에 드는 것, 더 깊게 알고 싶은 것, 만족스럽지 못한 경험 등을 분류하면서 나만의 취향을 저장해가는 것. 이것이 바로 MD의 일이자 기획자로서 뾰족한 날을 갖기 위한 노력이다. 좋아하는 것을 골라내기 이전에 싫어하는 것을 삭제하는 것. 취향은 글로 공부하고 외워서 생기는 지식이 아니라, 겹겹이 쌓인 경험을 통해 자연스럽게 얻어지는 결과물이다. 어쩌면 MD에게 취향은 노력, 그 자체다.

앞에서 MD가 일을 잘한다는 것에 대해 이야기했다. MD가 일하는 무대는 브랜드 매장이나 회사가 아닌 우리가 발을 딛고 있는 일상이다. 어쩌면 진정한 MD의 일은 회사를 나설 때 시작된다고 보아도 좋다. 일상에서 자신의 취향을 발견하고 쌓아가려 애쓰는 사람은 원하든 원치 않든 '감각과 노력'의 안테나를 세우고 있을 것이다. 시간이 쌓인 노력은 어떻게든 묻어나기 마련, 당연히 그러한 사람을 보며 일을 잘한다고 느낄 수밖에.

원하는 것을 가려내려면 먼저
원하지 않는 것을 알아야 한다

이사를 앞두고 며칠 동안 조명을 고르고 있다.

쨍하게 밝은 조명 환경을 좋아하지 않는 데다

1실 1등으로 정형화된 아파트 공간을 좀 더 다채롭게

구성하고 싶어서, 국내외 리빙 편집숍, 해외직구 사이트,

잡지 기사, 디자이너 연대기까지 훑어봤다.

수백 개의 조명 중에서 '집'이라는 공간에 어울리는 조명을 찾는

과정이 마치 기획자의 일 같다는 생각이 들었다.

좋은 디자인의 상품이면서 공간과의 어울림도 중요하고,

사용자의 시선에 알맞으며 가격까지 적당하면 금상첨화였으니까.

세 가지 조건을 만족하기란 말처럼 쉽지 않았다.

본격적인 조명 서치가 시작되었다.

청개구리 심보 같다고 해야 할까.

왠지 최근 SNS에 자주 보이는 디자인은 마음이 가지 않았다.

아름답지만 흔한 아름다움은 싫다는 개인 취향을 충족하기 위해
다시 서치를 한다.

한눈에 드러나는, 유행하는 디자인들을 덜어내고 나니
조금씩 다른 요소들이 눈에 들어온다.

비슷한 상품들끼리 그루핑을 해보고 그중에서도 덜어낼 것을
덜어내고 추린다.

기획을 위한 과정도 똑같다.

1차로 눈에 확연히 드러나는 트렌디한 요소를 걷어내고
그 속을 들여다보고 깊게 더 깊게 파고들다 보면
새로운 기획할 '거리'들을 찾게 되는 행운을 만난다.

동그란 디자인, 각진 디자인, 기다란 형태, 히스토리컬한 디자인,
빈티지 등등 조명이 놓일 위치와 쓰임을 상상하면서
후보들을 솎아낸다.

이 과정에서 처음 마음에 들었던 디자인이 다음 날이면
식상하게 느껴지기도 한다.

또는 선택한 조명들이 집이라는 공간에서 서로 조화되지 않는
'강한 디자인'일 수도 있다.

많은 상품을 볼수록 욕심이 커져서

내친 김에 엑셀 파일을 열고 서치한 조명들과 가격,

입고 날짜를 정리하기에 이르렀다.

아, 아마도 이건 직업병인가.

급기야 스크린캡처한 이미지를 도면에 배치해보았다.

집을 위한 조명을 고르면서, 쇼핑이 기획하는 일과

비슷하다고 생각했던 이유는 다름 아닌

사용하는 사람을 떠올리면서 고른다는 점,

그리고 전체적인 강, 중, 약을 고려하면서

디자인을 선택한다는 점 때문이다.

그러던 와중에 조명에 대한 내 취향을 확실하게 알게 되었다.

조명 쇼핑을 '일'처럼 하기 전에는 전혀 알지 못했던 취향이었다.

원하지 않는 디자인들을 하나씩 덜어내고 남은 색깔을 만났을 때

비로소 내가 좋아하는 것의

형태를 만날 수 있다고 해야 할까.

장바구니에 담아놓은 조명들의 사진을 보면서,

머릿속으로 공간과 사물을 조합해보면서

새로운 조명 아래서 보낼 시간들을 상상해본다.

상품과 일상의 적절하고 조화로운 지점을 찾는 일은 언제나 즐겁다.

편집은 MD의 또 다른 기획

유튜브에 빠졌다. 정확히 말하자면 유튜브 플레이리스트의 편집을 둘러보는 재미에 빠졌다. 눈에 띄는 유튜버들이 플레이리스트를 만든 방식을 보고 있으면, 편집 브랜드를 기획하는 일과 매우 유사하다는 생각이 든다. 이들은 한 장르의 음악으로만 리스트를 채우지 않는다. 라흐마니노프와 쳇 베이커를 믹스해서 편집하는 센스라니, 클래식과 재즈의 비슷한 감정선이 만나 플레이리스트가 마치 한 곡처럼 느껴진다.

또 다른 플레이리스트의 경우에는 제목이 인상적이다. '홀로 마감하는 박물관 직원', '영화 같은 삶', '눈이 내렸다. 밤이 하얘졌다'처럼 음악을 듣는 상황을 시각적으로 그려낸다. 왠지 모를 호기심에 클릭하게 된다. 놀랍게도 음악을 듣는 느낌을 표현하자면 제목 그대로다. 듣는 사람이 느낄 감정을 떠올리면서 음악을 배치한 창작자의 의도와 노력이 또렷하게 와닿는다. 도입 첫 곡, 중간 곡의 다른 템포, 마무리 음악까지. 이는 편집 브랜드를 기획하면서 적용했던 기준과 크게 다르지 않았다. 익숙하면서도 색다른 조합, 구성하는 요소들의 일관된 무드, 경험을 이끌어내는 세밀한 장치들까지. 상품이 아닐 뿐 브랜드를 만들고 기획하고 고객들에게 말을 건네는 행위와 무엇 하나 다를 것이 없다.

영상에 달린 댓글을 보면 하나같이 시인의 그것이다. 얼굴도 모르는 사람들이 같은 음악을 들으며 적은 감상들이 플레이리스트의 하이라이트가 된다. 사람들은 무엇이 됐든 공감을 이끌어내는 것, 내가 원하던 바로 그것, 미처 몰랐던 감정을 어루만져 주는 듯한 위로에 반응한다.

사실 이러한 '편집' 행위는 일상에서 흔히 볼 수 있다. 유튜브에 담는 영상도, 인스타그램의 사진도, 책도, 미술관 전시도, 모두 보이고 싶은 것들로 편집된 결과물이다. 편집editing이라는 개념은 MD의 기획에서도 빼놓을 수 없다. 브랜드를 만드는 일, 상품을 기획하는 일, 온오프라인에서 상품을 진열하고 배치하는 일, 콘텐츠 기획 등이 모두 편집의 결과물이다.

MD의 기획은 무에서 유를 만드는 것이기도 하지만, 때로는 기존의 것들을 재배치해서 편집하는 것이기도 하다. 편집 브랜드를 기획할 때에는 각 브랜드의 핵심을 추려서 다시 큰 하나의 브랜드로 편집하는 과정을 거친다. 브랜드가 전하고자 하는 메시지를 다양한 브랜드를 통해 보여줘야 하기에 중심을 잡는 '컨셉'이 가장 중요하다. 유튜브 플레이리스트의 제목 역할을 하는 무드가 필요한 것이다. 단순한 상품 제안으로는 부족하다. 타깃고객의 라이프스타일을 놓고 다양한 씬scene을 상상할 수 있는 MD 구성이 펼쳐져야 한다.

흰 도화지에 편집 브랜드를 하나씩 그려나간다. 어떻게 하면 멋진 공간, 좋은 브랜드가 될 수 있을까? 추상적이어서 난해한 질문을 구체적으로 해결하기 위한 고민이 시작된다. 앞서도 말했듯 기획의 출발점은 고객이다. 성수동과 을지로에 방문할 고객을 대상으로, 여러 각도에서 생각해본다. 그들에게 어떤 공간으로, 어떤 브랜드로 기억되면 좋을지. 고객이 공간에 처음 들어올 때 무엇을 기대할지, 어떤 감정을 느끼면 좋을지. 브랜드가 고객에게 어떤 가치관을 보여줄지에 집중해서 문제를 풀어간다. 브랜드가 보여줄 풍경을 기획하는 동시에 고객이 무엇을 기대할지 생각한다. 하나의 세계관은 양쪽을 오가는 작업을 통해 완성된다.

　다음으로는 상품의 강, 중, 약을 구성한다. 수채화를 그릴 때 가장 먼저 도화지에 연필로 스케치를 하고 옅은 물감으로 기본 컬러를 칠하는 작업을 거쳐 중간 컬러를 입히고 마지막에 강조하는 명암을 그려 넣는다. 처음에는 밋밋했던 그림이 여러 번의 붓칠과 물기 조절로 입체감 있는 그림이 되는 것처럼, 상품 구성도 마찬가지다. 우선 기본과 중간, 강조하는 브랜드나 아이템의 비중을 정한다. 힘을 줄 곳과 뺄 곳, 여백을 정하는 일이기도 하다. 이는 집을 짓기 전의 기초공사나 옷을 만들 때의 패턴 작업처럼 얼개를 짜는 과정에 비유할 수 있다. 이러한 기초작업을 건너뛰고 '이 상품 너무 멋지지 않아?'라는 생각만으로 기획한 결과물은 운에 기대는 도박과 크게 다르지 않다. 반짝 빛날 수는 있지만 오래가지 못한다.

　럭셔리, SPA, 라이프스타일, 유통까지 분야와 상관없이 매출이 높은 상품에는 비슷한 공식이 존재한다. 고객에게 익숙한 것을 새롭게 느끼도록 하는 것이다. 고객은 새로운 브랜드나 상품, 서비스를 원하는 듯하지만 실제로는 어느 정도 친숙하면서도 신선한 것을 선호한다. 혼자만 앞서가는 느낌이 아닌, 딱 반 발짝 앞선 기획이 대중을 리드할 수 있다.

어떤 브랜드 경험을 편집할 것인가?

MD는 브랜드 경험을 설계하는 사람, 상품을 매개로 고객에게 말을 건네는 사람이다. 브랜드 경험은 고객이 상품을 구매하는 과정에서 경험하는 모든 것으로, 오프라인이라면 고객이 문을 열고 들어와 느끼는 매장과 세부 공간의 이미지, 매력적인 상품, VMD, 판매사원의 태도, 매장의 음악, 쇼핑백의 퀄리티까지 다양한 경험이 포함된다.

브랜드 경험은 감성적 도구와 기능적 도구로 이루어진다. 두 가지가 촘촘하게 설계되어 하나의 스토리로 느껴질 때 의미를 갖는다. 감성적 도구가 오감을 느끼게 해주는 장치들이라면 기능적 도구는 탄탄한 상품 구성이다. 따라서 무엇보다 공간과 상품을 조율하는 것이 중요하다. 공간을 기획할 때에는 상품이 어떻게 놓일지, 고객이 어떤 동선으로 움직이면서 상품을 경험할지를 고려해야 한다. 심미적인 효과와 판매공간의 효율성, 동선 중간의 재미 요소까지 고려하되 전체적인 컨셉을 잃지 않아야 한다.

전체 공간을 구획으로 나누고 각각의 공간마다 중심 상품의 카테고리를 정한다. 상품 카테고리를 배치할 때에는 입구부터 고객의 동선을 고려해야 한다. 고객의 시선을 따라가지 않으면서, 매출과 공간의 효율을 고려하지도 않으면서 단순히 편집매장의 구역을 나누고 예쁘게 VMD를 한다면 일반 매장과 다를 바 없다. 이커머스도 마찬가지다. 온라인 쇼핑몰의 전체적인 이미지, 회원가입 방식, 카테고리 분류기준, 기획전의 트렌드 반영도, 결제 및 배송방식, 배송상태 등이 모두 브랜드 경험이 된다.

오프라인 공간은 브랜드 경험을 담는 그릇이 된다. 어떤 그릇에 우리 상품을 어떻게 담아낼까? MD는 이 과정에서 상상력을 발휘해야 한다. 기획은 하나의 컨셉, 세계관을 보여주는 작업이며, 세계관을 보여주는 대상이 존재한다. 자연히 기획은 누구에게 어떤 세계관을 보여줄지 정하는 데에서 시작된다. 누구와 소통할 것인지, 어떤 세계를 그릴 것인지. 브랜드가 고객에게 말을 건네는 형태를 만드는 것이 곧 기획이다.

가령 '누군가의 집'이라는 컨셉을 살리려면 집의 요소를 넣는 작업을 거쳐야 한다. 전체와 디테일의 조화를 생각하면서 공간을 구성해보자. "매장의 입구는 집에서 손님을 맞이하는 것처럼 따뜻한 느낌이 필요하니, 입구 오른쪽에는 나무로 제작한 신발장을 배치해서 집기로 활용하자. 매장 입구부터 상품 진열을 과다하게 해서 '집'의 느낌을 해치지는 말자. 판매공간을 활용하기 위해 입구 정면에 보이는 벽면에 큰 화병 등의 오브제 상품을 진열해 편집매장의 중심 컨셉을 보여주자"는 식으로 밑그림을 그린다. MD

가 기획자로서 해야 할 일은, 머리로 그림을 그리는 동시에 숫자와 전략으로 상품 구성을 하는 것이다.

무심코 떠올린 아이디어가 고객이 브랜드를 경험할 수 있는 요소로 탄생하기도 한다. 편집매장에 책을 한 장씩 넘기듯 음미하는 장치를 만들어둔다면 어떨까. 우리는 각 공간의 POP마다 공간을 주제로 한 단상을 적어두기로 했다. 콘텐츠를 한끗 다르게 만드는 카페처럼, 고객들이 한정된 공간에서 글을 읽고 공간에 대한 오감을 떠올리게 하려는 의도였다. 예를 들어 키친 공간에는 '나만의 부엌'이라는 제목의 글을 써두었다. 타깃고객이 공감할 만한 글을 적고, 옆에는 에쿠니 가오리의 에세이《키친》을 놓아두었다. 소리 역시 빼놓을 수 없는 경험적 요소가 된다. 키친 공간에는 도마 소리, 보글보글 찌개 끓는 소리, 아이들이 밖에서 뛰어놀다 집으로 돌아오는 소리를, 식물을 배치한 공간에는 숲 소리, 거실에는 자연스러운 음향을 넣었다.

동선 중간의 재미 요소도 빼놓지 않았다. 세탁기와 냉장고를 배치할 때 세탁기 위쪽에는 흰색 셔츠를 여러 장 걸어서 VMD 효과를 주었고 주변에는 세탁세제 등을 놔두어 자연스럽게 MD 구성을 했다. 컬러풀한 비누 브랜드를 잘 보여주기 위해 동네 빵집에서 보던 빵 건조대를 나무로 제작해 같은 상품을 다르게 보여주는 효과를 주었다. 냉장고는 밀폐용기에 곡물을 컬러감 있게 담아내어 고객이 냉장고를 열었을 때 실재감을 느끼며 상품구매로 이어지게끔 했다. 모두가 브랜드 기획자의 마음이 되어 함께 만들어냈다.

100가지가 넘는 브랜드를 설명하는 POP는 직각으로 세우지 않고 바닥에 평행으로 눕혀두기로 했다. 손바닥만 한 작은 POP였다. 고객들이 공간을 천천히 경험하면서 작은 브랜드들의 스토리 하나하나를 유심히 읽기 바라는 의도에서였다. 가격 역시 종이에 손글씨로 적어서 두기로 했다. 사소한 디테일을 기획하는 과정이 모여 브랜드가 되고, 브랜드 경험으로 전달된다.

공간과 상품을 엮어서 고객이 공감할 수 있는 이야기를 만드는 것, 정확한 답을 제안하기보다 "이렇게 살아보는 건 어때?"라고 제안하는 것이 MD가 해야 할 일이다. 유튜브에서 우연히 발견한 플레이리스트에서 재미와 행복을 느끼는 것처럼, 우리가 기획한 브랜드와 상품이 누군가를 행복하게 만들 수 있다는 것이 MD의 일하는 기쁨일 것이다. 그 기쁨을 위해 지금 이 순간도 많은 MD들이 더 나은 제안을 고민하고, 기획이라는 이름으로 고객을 들여다보고, 그들에게 전달될 경험을 편집하고 있다.

어느 기획회의

경계 없이, 서로 다른 무언가가 믹스되는 것에 매력을 느낀다.
이래야 한다, 저래야 한다는 정형화된 기준보다
무심하게 툭 던지는 '이러면 뭐 어때'라는 말에서 느껴지는
불확실한 희망을 사랑한다.
그렇게 만들어지는 새로움, 그러면서도 합리적인 것,
늘 주변을 기웃거리면서도 현재에 집중할 줄 아는 균형감각.
언젠가 관심을 가졌던 것들이 기획의 단면이 되곤 한다.
일상의 취향 한 조각이 감각으로 쓰일 때 기쁘다.

일을 하다 보면 다양한 분야의 분들과 만나게 된다.
패션, 와인, 조명, 화장품, 리빙, 인테리어, 건축, 호텔 등.
재미있는 점은 패션을 하다 세제나 화장품 브랜드를 론칭했거나,
건축을 하다 조명을 한다든지, 가방제조에서 브랜드, 마케팅까지
확대되는 등, 기존 산업의 영역이 무너지고
이종, 삼종간의 결합이 당연시되는 분위기가 체감된다.

오히려 한 가지 분야만 꾸준히 하는 게 어색하게 느껴질 정도다.

기획 미팅에서 주로 오고가는 대화는 이렇다.

"너무 좋은 아이디어인데요!"

"정말 재미있겠다!"

아이디어를 서로 주고받는 행위에는 들뜬 에너지가 있다.

포스트 모더니티 디자인에서 빼놓을 수 없는 멤피스 디자인 그룹
을 만든 이탈리아 디자이너, 60대의 에토레 소트사스에게
멤피스 그룹이 성공한 이유를 물었더니 답한 것과 같다.

"글쎄, 그렇게 성공할 줄은 몰랐어. 그냥 해보면 재미있을 것 같
았거든."

재미있을 것 같다는 천진난만함이 때로는 탁월한 기획이 된다.

미팅이 끝나면 노트와 연필을 들고 머릿속으로 그림을 그려가며
숫자를 대입해본다.

머릿속이 꽉 차 뻐근한 느낌이지만,

동시에 가슴은 쿵쾅 뛴다.

사라지는 브랜드에는 이유가 있다

최근 몇 년 사이 '반려식물'이라는 말에 익숙해지고 있다. 작은 식물 하나를 키워도 매일 상태를 살피고 적당한 바람과 물을 주고 진심으로 대해야 하는 것을 감안하면 반려식물이라는 말이 전혀 어색하지 않게 들린다. 아니, 생각해보면 당연한 것이다. 작은 화분 하나를 돌보는 일과 정원을 가꾸는 일은 본질적인 면에서는 크게 다르지 않다. 규모의 차이는 있을지 몰라도 꾸준히 '가꾸어야' 한다는 점에서는 마찬가지다. 반려식물이든 반려동물이든 따라붙는 전제조건은 동일하다. 보기에 좋고 귀엽고 예쁠지는 몰라도 키우기는 어렵다는 것이다. 정성을 다해야 한다.

매장이나 브랜드도 마찬가지다. 분명 화려하게 오픈했는데 어느덧 사람들의 기억에서 지워진 브랜드들이 있다. 사람들이 경쟁하듯 모여서 사진 찍던 핫플레이스가 어느새 관심 밖의 공간이 되어버린다. 대체 무슨 이유로 이렇게 쉽게 변하는 것일까?

유지되지 않는 것들에는 공통점이 있다. 브랜드를 매출 수단으로만 바라보다 보니 오픈 자체에만 신경 쓰고 '운영'에는 공들이지 않는 것이다.

브랜드가 될 것인가, 한 번의 이벤트로 남을 것인가

매일같이 새로운 브랜드가 생겨나고 문을 닫는다. 브랜드를 오픈했다고 해서 바로 '브랜드'가 되지 않는다. 이름을 짓고, 간판을 걸고, 멋진 인테리어와 상품으로 채워 매장을 오픈했다고 치자. 소문을 듣고 사람들이 한 번씩 방문한다. SNS 홍보와 인플루언서 마케팅으로 초기에는 높은 매출이 나오기도 한다. 오픈 당일, 고객은 만족스러운 쇼핑을 했다. 그 기억을 간직하고 몇 달 후 다시 방문했는데, 매장 입구에 박스가 쌓여 있고 지저분하다. 괜찮은 상품이 몇몇 눈에 띄긴 하지만 전반적으로 VMD는 어수선한 데다 스태프도 보이지 않는다. 다시는 오지 말아야겠다고 생각하며 매장을 나오게 된다.

오프라인뿐일까. 이커머스도 마찬가지다. 고객은 원하는 만큼 상품이 다양하지 않거나 이미지와 상세 페이지가 일관되지 않으면 클릭하지 않는다. 회원 가입 시 받은 구매혜택이나 각종 할인 쿠폰을 사용할지는 몰라도 그때뿐, 다시 방문하거나 재구매를 하지 않는다. 브랜드를 구성하는 알맹이가 단단하지 않으면 고객은 가차 없이 등을 돌린다. 처음 한두 명이 그러는 것은 티가 나지 않지만, 시간이 지날수록 돌아오지 않는 고객이 많아지면서 오픈 시점의 활기는 서서히 사라진다.

좋은 브랜드는 정성스럽게 브랜드를 가꾸는 사람들의 손에서 완성된다. 엄밀히 말해 오픈한 이후부터가 '브랜드'의 시작이다. 사람이 태어나서 자신을 책임질 수 있기까지 (스스로 좋은 사람이 되기까지) 시간과 노력이 필요한 것과 같다. 브랜드가 전하는 메시지가 상품 구성과 운영방식에까지 일관되게 스며들 때에만, 고객은 진정한 브랜드로 받아들인다.

스타필드를 오픈할 때였다. 이마트는 여러 개의 전문점 브랜드를 기획하고 매장을 별도로 오픈했다. 가전, 장난감, 베이비, 패션, 뷰티, 라이프스타일, 식품 카테고리가 각각의 브랜드로 기획되었다. 브랜딩, 인테리어, VMD에 이르기까지 회사는 투자를 아끼지 않았다. 그런데 상품과 운영방식, 현장을 챙기는 정도는 기존의 일하는 방식과 똑같았다. 상품도 일부 카테고리를 제외하면 기존 이마트에서 판매하는 상품과 별 차이가 없었다. 유통회사와 브랜드를 기획하고 운영하는 회사의 일하는 방식에는 큰 차이가 있는데도 말이다. 그리고 이는 결과에도 영향을 미쳤다.

브랜드는 버티컬로 A부터 Z까지 일관된 방향으로 움직여야만 제대로 된 결과물을 낼 수 있다. MD, 마케팅, VMD, 디자이너, 영업, 운영, 물류, 각각의 파트가 하나의 브랜드로 목소리를 낼 때 고객에게 온전히 전달된다. 가장 바람직한 것은 기획자가 처음 의도한 대로 운영까지 이어지는 것이다. 그렇지 않고 각 부서가 각자 할 일만 한다면 현장은 그저 상품을 모아놓은 곳 이상도 이하도 아니다. 실제 스타필드 오픈 후 전문점은 하나둘 사라졌다. 브랜드의 본질은 화려한 외관이 아니라는 것이 결과로 드러난 것이다.

뚝딱 만들어 브랜드처럼 보이게 하는 건 어렵지 않다. 반면 제대로 된 브랜드를 만들고 운영하는 일은 결코 쉽지 않다. 유통이나 부동산 디벨로퍼 회사들이 브랜드 비즈니스를 할 때 간과하기 쉬운 부분이 바로 이 디테일한 운영이다. 오픈을 목표로 달린 다음에 정작 운영에는 크게 관심을 두지 않는 듯하다. 좋아 보이는 것들을 한데 모아 포장하고 홍보한다. 일관성 있는 브랜드 전략을

취하는 대신 그때그때 상황에 맞춰 방식이 바뀐다. 하루는 왼쪽으로 갔다가 내일은 오른쪽으로 간다. 매출이 나오는 쪽을 향해 갈 뿐이다. 상품기획과 구성 방향, 매장 컨셉, 운영방식에 또렷한 기준 없이, 확장만이 비즈니스의 목적이자 기준이 되어버린다.

브랜드 기획의도와 상품들을 이것저것 넣고 매출만 나온다고 '브랜드'가 유지될까. 간판만 있다고 브랜드가 아니다. 오픈만 하고 매장 관리에 소홀한 브랜드가 잘되는 것을 본 적이 없다. 브랜드를 매출 도구로만 생각하면 잠깐 흥행할 수는 있지만 브랜드는 결국 망가지고 만다.

오랜 기간 의미 있게 비즈니스를 지속하는 브랜드들의 비결은 무엇일까? 여러 가지가 있겠지만, 자신을 잘 알고, 잘할 수 있는 일에 집중한다는 것 아닐까. 새로운 브랜드를 오픈했지만 운영이나 관리가 되지 않아서 고객이 떠나고, 다시 브랜드를 접고, 또 다른 브랜드를 만들고 또 접는 패턴과는 거리가 멀다. 성공하는 브랜드는 기본에 충실하다.

오래전부터 종종 가는 막국숫집이 있다. 장사가 너무 잘돼서 자리를 넓혀 이전하고도 3시간은 기다려야 국수 한 그릇을 먹을 수 있다. 작은 한옥집 방바닥에 앉아 녹두전과 수육, 들기름 막국

수와 막걸리 한 잔을 먹던 몇 년 전에도 한결같은, 묵직한 느낌이 들었다. 꾸밈없이 오로지 열정과 자부심으로 음식을 짓는 마음이 전해졌다. 경기도의 외진 지역, 하루 국수 한 그릇을 팔던 가게가 1000그릇을 팔기까지의 이야기를 담은 책《작은 가게에서 진심을 배우다》을 출간하기도 했다.

주인은 어떻게 하면 매출이 오를지보다 손님에게 어떻게 잘해 드려서 다시 찾게 만들지를 고민했다고 한다. 손님이 맛있게 먹고 맛있다는 감탄이 나오도록 만들고, 음식만이 아닌 공간에서 편안함을 느껴 다시 찾고 싶은 곳으로 만들겠다는 사장님 부부의 열정이 만든 성공이다. 이처럼 브랜드를 운영하는 사람들이 진심을 담아 매일매일 갈고닦아야 비로소 '브랜드'가 된다.

아울러 단단한 브랜드가 되려면 어디까지나 고객 입장에서 의사결정해야 한다. '브랜드'가 되기 위해서는 사람에 대한 애정을 갖고 우리를 찾아주는 이들에게 겸손해야 한다는 것을, 현장에서 세일즈를 하면서 알게 되었다.

MD로 커리어를 쌓다가 한국에 론칭하는 글로벌 SPA 브랜드로 이직한 적이 있다. 연간 20조 매출을 내는 글로벌 브랜드의 비즈니스 방식을 배우고 싶었다. 현장을 중요시하는 회사 정책에 따라 홍콩에서 3개월 동안 현장 트레이닝을 하며 리테일 전반에 대한 시야를 넓힐 수 있었다. 플래그십 스토어가 오픈하던 날, 매장에는 발 디딜 틈이 없을 만큼 사람이 몰려 3억 가까운 일 매출을 기록했다. 현장에서 버겁다고 느끼기도 했지만 돌이켜보면 브랜드의 기초 골조를 쌓는 소중한 시간이었다. 덕분에 MD로서, 브랜드를 만드는 사람으로서 전반적인 비즈니스 관점을 체득할 수 있었다.

그중에서도 세일즈 업무를 하면서 얻은 가장 큰 소득은 기획자로서 브랜드를 다각도로 볼 수 있는 현장감을 갖게 되었다는 점이다. MD가 기획하는 입장에 더 가깝다면, 세일즈는 고객 접점에 있는 운영자의 입장이다. 하루를 온전히 현장에 있으면 고객과 상품이 어떻게 움직이는지 알 수 있다. 고객이 상품에 어떻게 반응해서 구매까지 연결되는지, 어떤 브랜드 경험을 하는지, 현장의 살아 움직이는 흐름을 체득할 수 있다. 기획을 하다 보면 서치한 트렌드와 데이터 분석을 통해 내린 '가정'이 실제 현장에서는 전혀 다른 방향으로 흘러가는 경우도 적지 않다. 현장에서 떨어져 책상에서 도출한 가정이어서 그렇다.

그렇기 때문일까, 잘나가는 브랜드일수록 현장의 중요성을 강조하고 또 강조한다. 인터브랜드 기준 글로벌 100위 브랜드 중 패션 브랜드는 나이키, 루이비통, 샤넬, 에르메스, 자라, H&M 등이다. 이들 가운데 고객 접점인 매장을 소홀히 운영하는 브랜드는 없다. 오래 지속되면서도 꾸준히 발전하는 브랜드들은 알고 있다. 고객이 만족하고 돌아갈 수 있도록 현장을 운영하는 일이 브랜드 비즈니스의 핵심이라는 것을.

한 번의 화려한 포장으로는 반쪽짜리 브랜드밖에 만들지 못한다. 포장지가 벗겨지고 나면 그나마 있던 절반마저 형체를 잃는다. 우리 브랜드를 찾은 사람들에게 진심을 담아 기획한 결과물을 전하는 것, 그것이 국수 한 그릇이든, 상품이든, 온오프라인 공간이든 매일 꾸준히 정성을 다하는 것. 즉 바른 구조와 마음으로 브랜드를 운영한다면 사람들이 다시, 아니 꾸준히 찾는 브랜드가 될 것이다.

컴플레인 설명서

고백하자면 나는 컴플레인을 곧잘 하는 편이었다. 굳이 과거형으로 이야기하는 이유는 지금은 컴플레인을 하는 데 그리 적극적이지 않기 때문인데, 그렇게 된 데에는 두 가지 계기가 있다. 하나는 매장에서 직접 일해본 후 현장의 노고(?)를 알게 되었기 때문이고, 또 다른 하나는 나이를 먹어가면서 불편한 것에 대해 말하는 것보다 '말하지 않는 것'이 더 편하다는 것을 알게 되었기 때문이다. 좋은 건지 나쁜 건지는 잘 모르겠지만 어쨌든 컴플레인을 하는 횟수는 확연히 줄었다.

이제껏 했던 컴플레인을 돌아보면 종류가 꽤나 다양하다. 고객으로서 쇼핑 경험의 불쾌함에 대한 컴플레인은 물론, '회사의 브랜드 운영'이 미흡하거나 일하는 분들이 진심으로 일을 대하지 않는 태도에 대해 컴플레인을 하곤 했다.

그중 기억나는 사례는 첫 직장생활을 하면서 출근길에 들르던 스타벅스였다. 회사가 강남역 부근이었는데 출근길에 가끔 스타벅스에서 베이글과 커피를 사 들고 가곤 했다. 아침시간의 특성상 고객이 많은 데 비해 일하는 직원은 한 명이었다. 대기시간은 항상 길고 이용하는 데 불편했지만 스타벅스 외에 다른 대안이 없었으므로 감수했다.

그런데 다른 날과 마찬가지로 아침에 스타벅스에 들렀다가 회사에 도착해 베이글 봉투를 열었는데, 베이글이 구워져 있지 않았다. 구워달라고 요청했지만 직원분이 정신이 없어서 잊었던 것 같다. 다시 매장에 가서 데워왔지만 직접 그 직원에게 컴플레인을 하지는 않았다. 매일 아침마다 혼자 정신없이 일하는 모습을 봐왔기에 차마 그럴 수는 없었다.

대신, 스타벅스 코리아 홈페이지의 고객소리함에 글을 썼다. '강남 오피스 상권의 출근시간에 왜 매장직원이 한 명이어서 제대로 운영이 안 되는지 이해할 수 없다. 빠른 조치를 해달라, 스타벅스를 애용하는 한 명의 고객으로서 안타까운 마음에 글을 쓴다'고. 다행히 며칠 후부터 아침시간에 일하는 직원이 한 명 더 늘었고, 스타벅스에서는 감사하다는 답을 보내왔다.

한번은 제주 S호텔에 놀러갔을 때였다. 체크인을 하고 객실에 들어갔는데, 이전 투숙객이 머문 그대로였다. 청소가 되지 않은 방을 잘못 준 것 같았다. 프런트에 전화를 걸어 방의 상태를 말했다. 전화를 받은 직원은, 별일 아닌 듯 죄송하다며 다시 프런트로 와서 키를 받아가라는 응대를 했다. 프런트와 내가 있던 객실까지의 거리는 꽤 되는 데다 고객 입장에서 다시 시간을 써야 할 이유는 없었다. 정말 고객의 입장에서 전화를 받고 그 고객의 마음을 헤아렸다면 다시 프런트까지 와서 키를 받아가라고 하기는 어렵지 않을까. 그것도 특급호텔에서.

나는 정중하게 다른 분과 통화하고 싶다고 했고, 시니어 직원이 전화를 건네받아 한 톤 더 높은 목소리로 같은 말을 되풀이했다. "고객님 너무 죄송합니다. 다시 프런트로 내려오셔서 키를 받아가시겠어요?"

나는 다른 분과 통화하고 싶다고 다시 말씀드렸고, 지배인과 통화하게 되었다.

"저희가 체크인을 하고 방에 들어왔는데 전에 투숙한 고객이 사용하던 방 상태 그대로입니다"라고 같은 설명을 하자, 바로 "죄송합니다, 고객님. 제가 지금 다른 방의 키를 들고 올라가겠습니다."라는 답이 돌아왔다.

문제를 해결하려는 사람과 그저 매뉴얼대로 죄송하다는 말을 하는 사람, 이 '사소한 차이'가 마음을 움직이고 납득할 수 있게 하는 건 아닐까. 내가 화난 포인트는 청소가 되지 않은 방이 아니라

고객 입장에서 문제를 바라보지 않고 기계적으로 응대하는, 즉 일을 대하는 태도였다.

나 역시 매장에서 일하면서 컴플레인을 받는 입장이 되어보았고, 다양한 고객을 응대해보기도 했다. 하지만 대부분의 컴플레인은 진심으로 상대편의 입장에서 들어주고 이해해주고 공감하려는 노력만으로도 해결된다는 사실을 현장 경험을 통해 깨달았다. 어쩌면 기획하는 사람에게는 이러한 역지사지의 마음가짐이 가장 중요한 건지도 모르겠다.

MD의 센스

오랜만에 S에게 전화가 왔다. 대학 시절의 친구인 그녀는 잡지사를 거쳐 글로벌 브랜드들의 콘텐츠 디렉팅을 맡고 있다. 새로 시작하는 프로젝트에 필요한 사람을 찾는다고 했다.

"이번에 R브랜드랑 프로젝트를 시작했는데 소개해줄 만한 사람 있어?"

"주변에 사람이야 많지. 뭘 잘해야 하는데?"

"음, 기본적으로는 현장감각이 있어야 하고, 가끔 본사에 이메일 쓸 일도 있어. 전반적인 기획까지는 아니지만 어시스트를 할 수 있어야 하니까 전체적인 뷰도 확실하면 좋고."

크게 어려운 조건은 없다.

"그나저나, 일하는 센스가 있어야겠다."

S의 설명을 들었을 때 바로 이미지가 연상되었다. 언제 무엇이 필요한지 눈치 빠르게 흐름을 파악할 줄 아는 것. 본인이 할 일과 하지 않아도 될 일을 구분할 줄 아는 센스. 깔끔한 일 처리는 물론이려니와 브랜드에 대한 이해와 패션 센스까지 갖추면 더할 나위 없을 듯싶다.

MD를 채용하는 사람은 백이면 백, '일하는 센스가 있는 사람'을 선호한다.

그런데 '일 센스가 있는 사람'이라는 말처럼 센스 있게 정의하기 어려운 게 또 있을까? "내 이상형은 평범한 사람이야"라는 말과 거의 동급이다. 평범한 사람 찾기가 말처럼 쉽나. 평범함에 대한 기준도 모호할뿐더러, 정작 속내를 들어보면 평범함은 모든 면에서 평균 이상이라는 것을 뜻한다. 모나지 않고 적당히 인상도 좋고 깔끔한 차림새에 크게 흠이 없는 좋은 사람. 차라리 돈 많은 사람이 이상형이라는 게 더 무난할지도 모르겠다.

브랜드를 만들고 기획을 하면서 만난 일 잘한다 싶은 사람들은 하나같이 일하는 센스가 있는 사람들이었다. 으레 센스는 타고나는 것이라 생각하곤 하는데, 꼭 그렇지만은 않다. 소수에게만 부여된 특출난 재능이라기보다는 오히려 기본에 가깝다. 이를테면 주어진 질문에 적확하게 답할 수 있는 능력 같은 것이다.

MD를 채용하기 위한 면접에서 "3년 안에 커리어 목표가 어떻게 되죠?"라고 질문했을 때, "저는 이 회사에 꼭 오고 싶습니다. 열심히 하겠습니다"라고 대답한 지원자가 있다고 하자. 언뜻 보면 커리어 목표를 묻는 질문에 맞게 답한 것 같지만, 듣는 사람은 답답하다. 동문서답에 가깝다.

"3년 안에 이룰 제 커리어 목표는 ○○입니다. 이런저런 이유 때문입니다. 저는 앞으로 MD를 하면서 커리어를 발전시키고 싶습니다"라고 해야 괜찮은 대답이 된다. 또는 "저는 3년의 커리어 목표는 따로 정해두지 않았습니다. 왜냐면 매일매일이 쌓이면 자연스럽게 달성되는 것이 목표라고 생각하기 때문입니다"라고 할 수도 있다. 무슨 대답이든 자신의 생각을 정확히 표현하면 된다. 면접에는 정답이 없다. 자신의 언어로 내 생각을 논리정연하게, 자신감 있게, 긍정적인 태도로 전달하면 된다. 간혹 정답 같은 문장으로 자기소개를 하거나 모범답안을 외워서 답하는 분들을 만나는데, 그 마음이 이해는 되지만 아쉬운 것도 사실이다. 부족해도 괜찮다. 꾸민 것보다 진솔한 것이 나은 법이다. 면접을 위한 피상적인 준비가 아니라, 진짜 나를 정리해서 표현할 수 있어야 한다.

이런 관점에서 일하는 센스의 기본을 말한다면 단연코 읽기, 말하기, 쓰기다. 어느 기업이든 사람을 뽑을 때 읽기, 쓰기, 말하기, 즉 업무의 기본 능력을 검증하는 과정을 거친다. 지원자는 지원 공고의 자격요건을 확인한다. 이때 정보를 정확하게 읽고 이해하는 능력이 필요하다. 이력서와 자기소개서를 작성할 때는 읽는 상대방의 입장을 고려해서 쓰되, 자신이 해당 직무에 왜 필요한 사람인지 논리적으로 펼쳐내야 한다.

서류에서 읽고 쓰는 능력을 평가받았다면, 면접전형에서는 지원자의 말하는 태도가 평가의 기준이 된다. 자신의 의견을 조리 있게 말할 수 있는지, 평소 어떤 사고방식을 갖고 있으며 어떤 성향의 사람인지, 상대방을 어느 정도 배려하며 이야기하는지 등을 평가받는 것이다.

읽기, 말하기, 쓰기는 MD에게도 중요하다. 상대방의 메일을 읽고 문맥을 파악하는 것, 자신의 생각을 정리해서 설득하거나 주장할 수 있는 것, 보고서 또는 업무 이메일을 기승전결에 맞추어 논리적으로 작성하는 것 모두 MD에게 필수불가결한 자질이다. 말할 때 상대방의 입장을 헤아리는 태도 역시 매우 중요하다. MD는 유관 부서, 협력업체, 매장, 때로는 고객까지 다양한 사람들과 의사소통할 일들이 많다. 상대방의 입장에서 문제를 바라보되 문

제해결 과정에서는 논리적으로 상대방을 설득할 수 있는 능력이
필요하다.

이 때문에 MD에게 꼭 필요한 자질에 '커뮤니케이션 스킬'이 빠
지지 않는다. 커뮤니케이션 스킬은 화려한 기술로 말을 잘하는 것
이 아니라, 명확한 의사 전달을 통해 목적한 바를 이루는 능력을
말한다. 이외에도 지금 해야 하는 일이 무엇인지 파악하는 센스
와 성실함이 겸비되어 있다면 어디서든 일 센스가 있다고 인정받
지 않을까. 기본적인 일하는 센스와 커뮤니케이션 스킬은 상호작
용을 통해 서로 발전하면서 당신을 일 잘하는 사람으로 만든다.

그냥 감각이 아니라 상업적인 감각

일하는 센스와 함께 MD에게 필요한 센스를 하나 더 꼽자면
커머셜 센스commercial sense다. 앞에서도 잠깐 언급했지만 커머
셜 센스는 상업적인 감각, 단적으로 말해 판매 포인트를 간파하
는 감각이다. 요즘에는 누구나 소비자이면서 동시에 생산자가 될
수 있다. 개인이 브랜드를 만들고 상품을 판매하는 것은 물론, 자
신만의 재능과 콘텐츠로 이익을 낼 수 있다. 세상 대부분의 비즈
니스는 상품이나 서비스를 판매하거나 중개하는 등 판매행위를
기본으로 한다. 그 어떤 능력보다도 잘 파는 능력이 중요해졌다.

유튜브나 클래스101, 크몽, 탈잉 같은 재능플랫폼에 들어가 보면 '네이버 스마트스토어로 월 1000만 원 버는 방법', '블로그로 돈 버는 방법', '전자책으로 자신만의 콘텐츠 만드는 법' 등의 강의가 눈에 띈다. 모두 잘 파는 방법에 대한 이야기다.

기획부터 매출까지를 모두 책임져야 하는 MD야말로 커머셜 센스가 필수다. 예를 들어 디자이너와 MD는 사물을 보는 관점이 다르다. 같은 빈티지 의자를 본다면 디자이너는 미드센추리 디자인의 특징과 미학적인 부분을 중심으로 의자를 해석한다. 컬러와 선의 아름다움, 디자인 사조까지 연상하면서 영감을 얻는다. 반면 MD는 상품에 대한 지식을 기반으로 상업적인 시선으로 의자를 뜯어본다. 미드센추리 트렌드가 언제까지 지속될지, 기획할 때 어느 정도의 비중을 할애하는 것이 적절할지 가늠해본다. 타깃고객에게 판매될 가능성은 얼마나 될지, 몇 가지 컬러로 운영 가능한지, 원가와 마진은 어떤지, 더 나아가 상품이 구성되는 비주얼과 마케팅의 대략적인 그림까지 머릿속에 그려넣는다.

MD의 커머셜 센스는 상품기획 단계에서 주로 발휘된다. 이때의 커머셜 센스는 타깃고객이 원하는 미세한 결을 찾아내는 감각이라 할 수 있다. 고객들이 필요로 하는 '니즈'와 '원츠'를 구분할 수 있는 기민함, 트렌드와 기본의 적절한 조합을 아는 것, 더할 것은 더하고 뺄 것은 뺄 줄 아는 눈치 같은 것들. 사람들이 원하는 상품의 디테일은 대개 수면 위로 드러나 있지 않다. 숨어 있는 니즈를 건져내야 한다.

얼마 전 침대를 바꾸기 위해 찾아봤다. 헤드 없이 침대 양옆으로 독서 스탠드가 있는 심플한 호텔 침대 스타일을 원했는데, 마땅한 상품을 찾기 힘들었다. 고가의 원목으로 맞춤제작을 하거나 기성 가구 브랜드에서 무늬목 소재로 된 디자인을 고르거나, 선택지는 두 가지뿐이었다. 심플하고 적당한 퀄리티에 디자인도 좋고 합리적인 가격의 상품을 찾는 일이 이렇게 어렵다. 담당 MD라면 내 니즈를 어떻게 충족시켜줄 수 있을까? 해당 MD로서는 아마도 내 머릿속에 있는 '적당함'이 무엇인지 캐치해내는 게 관건일 것이다. 이처럼 고객 입장에서 '적당히 좋은 상품'의 특징을 캐치하는 것이 바로 커머셜 센스다. 자신이 원하는 상품을 찾는 고객의 시각으로 브랜드를 바라보고 기획 포인트를 추려내는 감각, 어느 한쪽에 치우치지 않은 합리적인 커머셜 센스가 필요하다.

그러나 MD의 커머셜 센스가 상품기획으로 끝나는 것은 물론 아니다. 실제 판매가 일어나는 상품운영 단계야말로 커머셜 센스가 없으면 곤란하다. 상품이 예상보다 빨리 소진될 경우 리오더를 할지 말지, 입점 브랜드 중 매출이 낮은 매장을 유지할지 말지 등, 매 순간 크고 작은 의사결정을 할 일이 발생한다. 이때 유연한 사고로 전체적인 상황을 파악할 수 있는 커머셜 센스가 요구된다. 여러 각도에서 문제를 뜯어보고 방법을 찾아가는 집요함이랄까, 커머셜 센스는 생각의 중심을 기획하는 자신이 아니라, 상품 너머의 고객, 기획하는 대상에 두어야 발휘되는 동물적 감각일지도 모르겠다.

센스를 키우는 법

일하는 센스와 커머셜 센스를 키우는 방법으로는 무엇이 있을까. 많이 다녀보고 경험하는 것이 도움이 된다. 홀쩍 여행을 떠나도 좋고, 혼자 종일 서점에서 책을 봐도 좋고, 여기저기 돌아다니면서 SNS를 해도 좋다. 뭐든 상관없다. 스스로 생각을 굴려보고 다듬다 보면 기획하는 사람으로서 '센스'가 생긴다. 블로그에 글을 끼적이면서 생각을 다듬을 수도 있고, 인스타그램에 사진으로, 유튜브에 영상으로 기록할 수도 있다. 종이 다이어리나 노션 같은 온라인 기록장에 적어도 괜찮다. 방법이야 어떻든 스스로 생각을 곱씹어야 자라나는 것이 센스다.

사람이나 사물을 접하다 보면 '왜 그런 걸까?' 하는 의문이 들

때가 있다. 이처럼 잠깐 지나가는 호기심을 해소하기 위해 노력할 때 시야가 넓어진다. 때로는 업무와 직접적으로 상관없는 분야를 통해 센스가 깊어지기도 한다. 매일 습관적으로 다양한 기사를 읽거나, 미술관의 전시기획 방식을 유심히 봐두는 것, 새로 오픈한 공간을 나름대로 분석하거나, 동네 작은 슈퍼마켓에서 사람들이 언제 무엇을 사는지 관찰하는 것까지, 우리의 평범한 일상이야말로 센스를 키울 수 있는 최적의 연습공간이다.

모든 기획의 너머에 사람이 존재하듯, 일하는 센스든 커머셜 센스든 기본적으로 따뜻한 마음을 배제할 수 없다. 일을 잘한다는 것은 기계적으로 성과를 낸다는 의미가 아니다. 자기 일을 사랑하는 마음, 함께 일하는 사람들을 존중하는 마음을 포함한다. 빠른 성공보다 바른 성장을 추구하는 마음이 없으면 센스는 기교에 불과하다. 일 잘하는 MD가 어떤 사람인지 묻는다면 따뜻하고 센스가 있는 사람이었으면 좋겠다. 일을 진심으로 대하는 태도가 곧 일을 잘하는 센스일 테니.

부암동, 작은 여행

일요일 저녁,

부암동 길을 슬슬 내려오면서 고향을 찾는 노인처럼

나중에 언젠가 북쪽 동네에 살고 싶다는 말을 몇 번이나 했다.

정작 북쪽 동네에 어렸을 때 말고는 산 적도 없으면서

날이 어둑한데 집에서 멀리 떨어진 동네 골목을 걷고 있으니

뭐랄까. 이상한 자유로움이 느껴졌다.

마치 여행 온 기분으로

사람이 오밀조밀 모여 있던 가게에 들어가 빵 몇 개를 사 들고,

길가의 작은 가게들에 사람들이 들어차 있는 모습을 구경했다.

작은 가게를 운영하는 사장님의 바삐 움직이는 모습이나 표정을

유심히 보게 된다.

사장님은 지금 어떤 기분일까? 제멋대로 상상도 해본다.

밤이 되니 공기도 한층 맑아져서

나무 냄새가 부암동을 가득 메운 듯 싱그럽다.

정리되지 않은 소박함이 있는 주말의 저녁 풍경이다.

'어느 계절이 가장 좋아?'라고 누가 물어오면

변화하는 것이 좋아서 모든 계절이 다 좋다고 할지도 모르겠다.

봄은 봄대로, 가을은 가을대로, 겨울도, 여름도,

변하는 자연 자체가 좋다고.

집으로 돌아오는 길,

남편이 아들에게 오늘 뭐가 가장 재미있었냐고 물었다.

남편과 내가 먼저, 우리가 함께한 일 중 하나씩을 이야기했다.

아이는 가만히 듣더니 "난 지금이 가장 좋아"라고 답했다.

아이의 말이 왠지 철학적으로 들렸다.

그래, 뭐든 지금이 가장 좋은 게 맞지.

오늘, 지금이 현재를 살아가는 우리에게 가장 소중하니까.

MD도 사람이다

사람 없이 이루어지는 기획은 없다. MD는 대부분의 시간을 사람들과 소통하는 데 쓴다. 하루에도 여러 번의 미팅을 소화하는 것은 물론, 전화와 이메일을 처리하다 보면 어느덧 퇴근시간이기 일쑤다.

　기획한 상품이 고객에게 가닿기까지는 '조율'이라는 긴 과정을 거쳐야 한다. 상품기획을 할 때는 빛나는 아이디어도 중요하지만 현실에서는 협력회사와 상품 디자인과 퀄리티에 대한 논의를 빼놓을 수 없다. 프린트 티셔츠를 만든다고 치자. 먼저 원단을 고르고 컬러를 정하고 프린트 디자인을 확정한 후, 피팅 샘플을 수정한다. 한 번에 결론이 나는 기적은 거의 일어나지 않는다. 동시에 원가와 최소 오더 수량, 납품 일정, 입고 방법 등을 협의한다. 브랜드 입점의 경우도 마찬가지다. 각 브랜드의 담당자들과 마진, 재고 운영 방법, 입고 시점, 기획전을 논의하는 등 정해둔 프로세스를 밟아야 한다.

이때 MD는 목표에 집중하면서 멀티플레이어가 되어야 한다. 행동만 멀티가 아니라 사고思考도 동시에 한다. 회사의 이익, 협력회사의 입장, 고객만족이라는 3가지를 동시에 고려하되, 어느 한쪽에도 치우치지 않아야 좋은 결과물이 나온다. 여러 악기가 하나의 화음을 이루도록 이끌어야 하는 오케스트라 지휘자와 별반 다르지 않다.

물론 실제 상황은 그리 우아하지 않다. 협력회사에 죄송하다는 말로 부탁하거나, 영리하게 협상을 해야 한다. 종종 납기 문제를 놓고 나이 지긋한 담당자에게 큰소리를 내야 할 일도 생긴다. 회사 이익만 따질 수도 없고, 무작정 멋있는 상품을 고집할 수도 없고, 협력회사만을 배려해 일을 진행할 수도 없다. 끊임없는 설득과 협상을 통해 안 되는 것을 되게 만드는 것이 MD의 일이다.

외부뿐 아니라 회사의 타 부서들과 소통하는 것도 MD의 몫이다. 영업, 콘텐츠, VMD, 포토, 디자인, IT, 물류 등 '상품이 고객에게 가는 과정'에 참여하는 모든 이들과 협의해야 한다. 목적은 하나다. 우리의 '기획'이 좋은 브랜드가 되기 위해, 아니 고객에게 더 좋은 브랜드로 다가가기 위해.

MD의 일상을 '조율'이라는 관점에서 들여다보자. 영업팀과는 A라는 안건으로 이야기하고, 마케팅팀과는 B라는 안건으로 논의하며, 물류팀과는 C를 놓고 이야기하는 등 부서마다 각기 다른 입장에서 시작한다. 물론 최종적으로 매출에 대해 책임지는 것은 MD다. 타 부서와 MD의 의사결정 기준이 '고객'이라면 서로 다른 입장을 조율하는 것은 의미가 있다. 더 좋은 브랜드를 만들기 위해 서로 의견을 내고, 해결하는 과정에서 더 나은 브랜드가 되기 때문이다. 브랜드가 지향하는 가치에 따라, 브랜드가 가야 할 방향에 대한 의사결정의 기준이 생긴다.

"지금의 결정이 고객에게 좋은가?"

"우리 브랜드 가치를 오롯이 전달하는 결정인가?"

반면 의사결정 기준이 다른 조직도 있다. 고객과 브랜드 대신 다음과 같은 질문들이 오간다.

"누가 지시한 일이죠?"

"저희는 원래 이렇게 일하지 않았어요. 그럴 수 없습니다."

이렇게 움직이지 않으려는 상대를 끌고 고객이 있는 목적지까지 가려면 MD의 강단이 필요하다. 스트레스는 덤이다. 모든 과정을 책임지고 기획하는 사람으로서 어떻게든 해결해야 하는 일들이 쌓여간다. 조율하는 일이 아니라 내 업무만 잘하면 되는 거라면, 잘하면 될 일이다. 그러나 같은 배에 탄 사람들을 살피고 함께 노를 저어가게끔 하는 것이 MD의 일이다. 배의 다른 쪽에서 어떤 일이 일어나든 묵묵히 혼자 노를 젓는다고 끝나는 일이 아니기에 MD의 일은 고되다.

사람과 함께하는 일에는 자연히 기쁨과 슬픔이 있다. 롤러코스터를 탄 것처럼 일희일비하는 날도 있다. 최상의 결과를 위해 기획을 의도와 다르게 수정하거나 협의하거나 번복하는 일이 연속된다. 어떤 날은 뜻대로 되는 일이 없어서 힘이 빠지고, 어떤 날은 이유 없이 지치기도 한다. 무엇 때문에 이러고 있나 싶은 날들이 이어진다.

아이러니하게도 그럴 때마다 힘이 되는 건 사람이다. 무에서 유를 만들어가면서 서로 주고받은 에너지, 해낼 수 있다는 희망, 서로를 인정해주는 팀워크, 결국 해냈다는 성취감. 참여한 사람들의 개성 있는 색깔들이 모여 하나의 결과물이 된다.

"이건 어떤 것 같아요?",

"좋은데요, 조금 변경해서 이렇게는 어때요?"

"좋은 생각이다! A와 B를 C로 만들어보자!"

바통을 받아 달리는 이어달리기처럼 아이디어 하나가 나오고 또 이어진다. 목적이 같은 사람들과 생각을 나누는, 에너지가 담긴 기획은 살아 있다. 더 깊게, 더 넓게 생각을 주고받는 일은 기획하는 사람에게 신나는 놀이다.

어느 여름날, 편집 브랜드에 입점할 브랜드 미팅으로 외근 중이었다. 여러 건의 미팅을 소화하느라 지친 3명이 성수동 골목길을 걷고 있었다. 오픈이 몇 개월 남지 않은 때였다. 덥다는 말조차 나오지 않을 만큼 설득해야 할 브랜드와 해야 할 일들로 머릿속이 가득 차 있었다. 방금 미팅을 마친 업체 대표님이 "저는 여행이 좋아서 회사를 그만두고 이 일을 시작했어요"라고 한 말이 잊히지 않아 함께 걷던 팀원에게 "좋아하는 일을 한다는 건 참 좋은 것 같아. 저 대표님 대단하시네"라고 했다. 그때 갑자기 함께 걷던 MD가 수줍게 말을 꺼냈다.

"저도 지금 좋아하는 일 하고 있어요."

누가 먼저랄 것도 없이 3명 모두 웃음이 터졌다. 이내 나도 말했다. "사실 나도 그래." 뙤약볕에 땀범벅인 서로의 모습이 우스꽝스러우면서도 재미있다는 말에 저절로 고개가 끄덕여졌다. 완벽하지 않아도 괜찮아. 즐기는 사람들이 있으니까. 안개 속 같은 일들이 산더미라 하더라도, 함께 헤쳐나가면 되니까.

기획의 본질에는 사람이 있다. 기획의 대상도 사람이고 기획을 만드는 것도 사람이다. 그러니 기획을 잘하려면 '사람'을 이해해야 한다. 달리 말하면, MD는 사람을 좋아해야 할 수 있는 일이다. 무언가를 좋아하면 관심을 갖고 들여다보게 되고, 관심이 쌓이면 또 다른 호감과 관심으로 이어진다. 시간이 지나면 비로소 이해가 된다. 왜 그때 그 사람이 그런 행동을 했는지. 관심 없는 사람은 무얼 해도 궁금하지 않은 반면, 관심을 가지면 앞으로 그 사람의 행동도 미리 가늠할 수 있다.

데이터, 매출, 트렌드 분석 모두 마찬가지다. 어떤 일이라도 사람에 대한 관심이 없으면 잘해내기 어렵다. 논리적으로 따져서 풀이를 써내야 하는 수학문제가 아니기에, 정답이 없는 일에서 최선의 답을 찾아내려면 좋아하는 수밖에 없다. 그래야 없던 것도 만들수 있고, 안 되는 일을 위해 누군가를 설득할 힘도 생긴다. 함께 머리를 맞대고 끝까지 해결점을 찾을 수도 있다. 서로 서툴지만 함께하는 과정에서 느끼는 즐거움은 언제나 가치 있다. 그러다 지쳤을 때 사람이 주는 즐거움을 기억하고 다시 시작할 수도 있다.

MD로 일한 지 몇 년 지나지 않았을 무렵이었다. 퇴근 후 회사 근처 식당에서 밥을 먹고 있는데, 바로 옆 테이블에서 대학생으로 보이는 남자가 여자친구한테 선물을 건넸다. 여자친구가 상자를 열자 그 안에 레몬색 램스울 스웨터가 들어 있었다. 저절로 내 눈이 커졌다. 얼마 전 우리 회사에서 기획한 신상품 아닌가! 그 순간, 음식 나오기를 기다리던 나는 남자친구와 같은 심정이 되어 두근거리며 그 여자친구를 흘끔 쳐다봤다. '마음에 들어 할까? 싫다고 하면 어쩌지?' 여자친구가 상자를 열더니 활짝 웃으며 고맙다고 했다. 행복한 표정을 보며, 적어도 그 순간만큼은 남자친구보다 내가 더 기뻤다. 그랬으리라 확신한다!

사람을 좋아하는 일의 끝에는 사람이 남는다. 치열하게 일하고 헤어질 때 서로를 알아본다. 일하면서 어쩌다 만난 인연이라 해도 다 안다. 그 사람이 내놓은 결과물이 순간의 허울인지, 진짜인지를. 내 경험에 비추어 이야기하자면, 반짝하고 결과물이 좋았어도 과정이 거짓이라면 아무것도 남지 않았다. 고객도, 동료도, 그 누구도, 다른 어떤 것도.

MD는 상품과 브랜드를 다루지만, 어쩌면 사람 때문에 웃고 우는 다사다난한 일일지도 모른다. 혼자 해결할 수 없는 일들이 쌓여 막막한 느낌이 드는 날도 있다. 나 혼자 동동거리며 일하는 것 같아서 외로울 때도 있고 기획하는 일이 전혀 새롭지 않고 쳇바퀴 도는 것처럼 느껴지기도 한다. 그러나 사람들과 무언가를 함께 만들어가는 일을 진정 즐길 수 있다면, 내가 기획한 것을 기뻐하는 사람들을 잊지 않는다면, 멋진 MD를 넘어 멋있는 사람이 될 것이라 얘기해주고 싶다. 일을 하면 할수록 사람이 전부라고 느낀다면, 그만큼 기본을 잘 지켰다는 의미일 것이다.

변하는 것과 변하지 않는 것

오랜만에 만난 친구랑 사람에 대해 이야기를 나눴다.

"사람이 변한다고 생각해, 아님 변하지 않는다고 생각해?"

대뜸 질문을 던지자,

"이건 뭐 아빠가 좋아, 엄마가 좋아? 이런 거잖아."

정답이 없는 질문에 답을 하라는 거냐며 친구는 툴툴댔다.

친구는 한참을 생각하더니,

"음, 변하기도 하고 변하지 않기도 하는 거 아닐까.

다들 겉으로든 속으로든 환경과 상황의 영향을 받으면서 변해가

잖아. 내가 좋아하는 것, 생각하는 것들 중 어디까지가 진짜 나인

지, 나도 가끔 헷갈리거든. 너도 네가 많이 변한 거 같고, 보는 사

람에 따라 그렇다고 할 수도 있지만, 그건 그 사람의 시각일지도

몰라. 너는 변했다고 해도 그대로야.

이미 모든 모습이 네 안에 담겨 있을 테니까."

내가 이어 말했다.

"누군가 했던 말인데, 힘들 때 문제를 해결하는 방식에서 사람은 각자의 본성이 나온대. 이 말이 너무 공감되더라. 연어가 강물을 거슬러 올라가는 것처럼, 본성은 학습되는 것도 아니고 학습할 수 있는 것도 아니라고."

결국 우리의 대화는 인생에서 곁에 두는 사람, 우연히 만나 자연스럽게 인연이 깊어지는 사람들에 대한 이야기로 이어졌다.

"난 성장하는 사람이 좋아. 자기중심적이지 않고 상대를 배려하는 사람과, 기본적으로 사고방식이 좋은 사람들. 착한 사람을 이야기하는 건 아니고. 아무튼 살면서 말 통하는 사람을 만난다는 건 의외로 쉽지 않다고 네가 말하지 않았어?"
친구가 물었다.

"응, 그랬지."
물끄러미 먼 곳을 바라보며 답했다.

상황상 스쳐지나갈 인연이었는데 용케 친해지고 오래가는 사람들이 있다. 애쓰지 않고 자연스럽게 관계를 이어가는 사람들. 각자 자기의 자리에서 역할을 다하고 오랜만에 한 번씩 툭 연락이 와서 얼굴 보고 헤어지는 길에, 나도 좋은 사람이 되고 싶다고 야무진 다짐을 하게 하는 사람들. 변해가면서 변하지 않는 나는, 그렇게 말이 통하는 사람들 덕분에 오늘도 자라난다. 한 뼘 더.

인터뷰에 앞서

우리가 일을 하는 이유는 자신을 세워가는 과정이기 때문이 아닐까. 기획하는 일 어딘가에, 열정을 다하는 사람들의 이야기를 꺼내어 공유하고 싶다는 생각이 들었다. MD에 대한 다양한 스펙트럼을 보여주고자, 한 회사에서 한 가지 일만 하는 사람들이 아니라, 지금 이 시간에도 커리어와 좋아하는 일에 대해 끊임없이 고민하고 도전하고 성장하고자 하는 사람들과 대화를 나눴다.

세상의 변화는 소수의 남다른 생각과 실천에서 조금씩 시도된다고 생각한다. 그렇게 조금씩 바뀌던 시간들이 쌓여, 이제는 누구나 변화하지 않으면 안 되는 시점이 되었다. 또한 정보의 평등화, 대중화가 MD에게 필요한 역량을 바꾸어가고 있다. 일에 대한 입체적인 시각이 필요한 지금, MD로서 기획자로서 다양한 도전과 성장을 하고 있는 두 명의 이야기를 통해 '요즘 MD', '요즘 생각', 그리고 우리의 커리어에 참조가 될 '일을 대하는 태도'를 함께 나누고 싶다.

MD학 개론

패션/라이프스타일 이커머스 플랫폼 MD S

사회학을 전공하고 대기업 공채로 패션업계에 발을 들인 S는 30대 후반의 남자로 소싱MD, 기획MD, 바잉MD를 거쳐 현재는 이커머스에서 럭셔리 패션과 라이프스타일 MD를 하고 있다. MD라는 일을 직업으로 선택하기를 잘했다고 말한다.

허 __ 패션을 하게 된 계기가 궁금해요. 사회학과 패션의 연관관계가 있어 보이기도 하고요.

S __ 패션을 시작하게 된 이유는 순전히 겉멋이었어요. 사회학을 전공하면서 사회 전반에 대한 겉멋을 즐기는 편이었습니다. 사회현상에 대한 책을 읽고 비평하는 것이 나름 재미있었죠. 직업

을 선택해야 하는 시기가 됐을 때, 좋아하는 것을 해야겠다는 막연한 생각이 있었어요. 단순하게 나는 먹는 것과 입는 것을 좋아하니까 C사, S사에 가고 싶다는 생각을 했어요. 와인사업부에 지원했던 C사는 탈락했고, S사에 입사하게 되었습니다. 운명이었다고 생각해요. 10년 넘게 패션MD를 하면서 이 일이 저랑 잘 맞는다고 생각하고 있거든요.

허 __ 시작의 계기가 '겉멋'이라니, 왠지 공감 가는데요. S사에 입사해서 처음에는 어떤 MD를 하셨나요?

S __ 소싱MD부터 시작했습니다. 입사해서 부서장님들이 부서에 대한 설명을 해주셨어요. 그때 해외소싱부서에 대한 설명을 듣고 멋있다고 생각해서 지원했고, 발령받게 되었어요. 그 또한 무슨 일을 하는 건지 구체적인 정보도 없이 막연히 '겉멋'에 의해 내린 결정이었죠. 부서 이름도 멋있잖아요. 그냥 소싱도 아니고 글로벌 소싱이라 하니까요.

처음 맡았던 업무는 남성복 소싱이었어요. 기획MD가 상품을 기획하면 공장과 커뮤니케이션해서 상품을 만들어내는 역할로, 인도네시아와 중국, 베트남에서 생산했습니다. 소싱 업체 역할을 모두 제가 했던 것, 직접 해외 공장들을 방문해서 옷이 만들어지는 현장을 본 것은 무척 행운이었어요. 지금도 패션 생산과정은 업체만큼 속속들이 알고 있다 해도 과언이 아닐 정도로 그때 패션의 기본을 탄탄하게 배울 수 있었습니다.

허 _ 생산과정을 알면 상품기획에 큰 도움이 된다는 점에 동의합니다. 그 후에 기획MD로 이동하신 건가요?

S _ 네, 사내에서 남성복 기획MD로 이동했습니다. 생산MD도 남성복을 했으니 기획MD를 하는 데 무리가 없었어요. 남성복만 계속했으니 다음은 영 타깃 패션을 하고 싶다는 의지로 SPA 브랜드 기획MD로 이동했고요. 신규 론칭 브랜드 MD로서 시야를 넓히게 된 계기가 되었습니다.

허 _ 브랜드를 론칭하면서 얻은 것은 무엇이었나요?

S _ 저로서는 색다른 경험을 했어요. 스스로를 깨려고 하는 노력, 누구하고든 어울리면서 배운 것이 많아요. 그전에는 대기업에서 프로세스와 매뉴얼 관점에서 일을 바라보고 숫자로 기획을 했다면, SPA 브랜드에서는 기획하는 방식이 제각각인 거예요. 어느 날 디자이너나 MD가 '나 이 상품 해야겠어. 정말 잘 팔릴 것 같아요'라고 상품을 먼저 정해놓고 다음에 숫자를 넣기도 하거든

요. 이제까지 정형화된 방식으로만 기획하던 저로서는 '이렇게 기획할 수도 있구나' 싶었어요. 말로만 듣던 새로운 시장을 바로 눈앞에서 보게 되었죠. 개인적으로는 베이직한 상품을 기획한 것도 큰 자산이 되었어요. 티셔츠를 몇 천 원에 만들 수 있는 구조를 파악한 것, 몇 만 장의 오더를 해보는 경험이 MD의 경력에 단단함을 더해주었습니다.

그런데 그 타이밍에 매너리즘이 왔어요. 기획MD는 상품을 직접 만드니까 디자이너, 공장, 협력업체 등과 수많은 의사소통을 하잖아요. 그 과정이 때로는 지치더라고요. 그래서 생산과정을 건너뛰고 바로 상품을 구매하는 바잉MD를 하고 싶다고 생각하게 되었습니다.

허 _ 바잉MD도 회사에서 부서 이동으로 하신 건가요?

S _ 아뇨. 이탈리아 브랜드를 론칭하는 바잉MD로 이직했습니다. 도중에 사내에서 하이엔드 럭셔리 브랜드를 담당하기도 했고요. 해외 상품을 다루는 것도 즐거운 일이었지만 MD 관점에서 매 시즌 비슷한 결의 상품을 바잉해야 하는 브랜드의 특성이 저에게는 좀 답답하게 느껴졌어요. 최종적으로는 지금 이커머스 MD를 하고 있죠. 바잉MD를 하다가 온라인으로 이동하고 싶다

고 생각했던 가장 큰 이유 중 하나는 상품기획자 입장에서 해외 본사가 기획한 결과물에 아쉬움이 있었어요. 이를테면 A상품을 만들면 분명히 매출로 이어질 것 같은데 이탈리아 본사에서 움직이지 않을 때가 있잖아요. 반면 온라인은 공간의 제약이나 브랜드의 제약이 없고 뭐든지 원하는 큐레이션이 가능하죠. 기획자로서의 갈급함이 온라인MD를 하게 된 계기가 되었습니다. 최종적으로는 현재 이커머스 MD를 하고 있고요. 원할 때마다 이동할 수 있었던 건 운이 좋았다고 생각합니다.

허 _ 다양한 MD를 해보셨는데, MD가 무엇이라고 생각하는지 궁금한데요.

S _ MD는 장인이 아니고 철저하게 장사꾼입니다. 장사꾼을 좋게 표현하면 트렌드세터라고 할 수 있고, 다르게 표현하면 업자가 될 수도 있겠죠. 이 스펙트럼 안에서 본인의 스탠스와 품위는 MD 각자가 하기 나름이라고 생각해요. 물건을 사면서 느끼는 희열이라는 것이 어찌 보면 생리적 욕구 같은, 가장 기본적인 욕구 아닐까 생각해요. MD는 그것을 만들어주는 일을 하니 '보람'을 갖고 재미있게 할 수 있죠. 질리지 않고 계속할 수 있는 일이기도 하고요. 끊임없이 변화하니까요.

장사꾼이라고 했지만 MD는 직職에 대한 자부심이 있어야 좋은 결과가 난다고도 생각합니다. 저는 MD가 자격증은 없지만 전문직이라고 생각해요. 반대로 말하면 이 일은 열정만 있으면 누구나 할 수 있습니다. 좋은 학교를 나왔다고 일을 잘하고, 그렇지 않다고 MD를 못하는 게 아니에요. 좋은 회사에 소속돼 있다고 해서 저절로 유능한 MD가 될 수 있는 것도 아니고요. 본인이 관심이 없고 직접 경험해보지 않으면 결코 일 잘하는 MD가 될 수 없어요. '일'대 '일'로서 대하는 태도를 갖추고 일하는 사람은 학벌이나 스펙 여하 불문하고 일을 잘할 수 있다고 생각해요. 단, 나의 취향이 확실해서 MD를 하고 싶다는 분이 있다면 차라리 디자이너를 하시라고 말씀드리고 싶어요. 그런 마인드로 MD를 한다면 백전백패할 수 있어요.

허 _ 자기 취향이 강하다고 MD를 할 수는 없다는 말에 공감합니다. 취향과 감도는 어떻게 다르다고 생각하세요?

S _ 감도는 남을 터치할 수 있어야 한다고 생각해요. 단순히 옷 잘 입는 것, 좋은 상품을 소비하는 것은 감도가 아니고 그냥 자기만의 취향이 있는 거죠. 옷을 잘 입는다는 것은 어떻게 보면 눈치가 빠른 거라 생각해요. 자기 몸에 대한 눈치, 사람들의 반응

에 대한 눈치가 빠른 거죠. MD를 할 수 있는 사람은 남에 대해 관심이 있는 사람이에요. 표현이 좀 이상하지만, 뒷담화에 능한 사람이라고 할까요? (웃음) 사람들을 관찰하면서 '무슨 옷을 왜 저렇게 입었어?' 등의 비평을 할 수 있는 사람이 MD를 잘할 수 있지 않나 생각해요.

허 _ '요즘 MD'의 필요 역량도 변화하고 있는 것이 느껴져요.

S _ 네 공감합니다. MD는 저에게 동경의 일이었어요. 무언가 새로운 것을 만들어낸다, 내가 트렌드의 맨 앞단에 있고 무언가를 주도한다는 느낌이 있었는데, 지금은 이 패러다임이 깨지는 것이 몸으로 느껴집니다.

엑셀 잘하고 브랜드 잘 알고 감각 좋은 것이 예전에는 MD의 능력이었다면, 이제는 판단력이 MD가 갖는 최고의 능력 아닐까 싶어요. 당연히 과거에도 판단력이 필요했지만, 과거에는 우리가 상품을 내놓으면 소비자들은 '아, 이게 트렌드구나'라며 인지하고 구매했는데, 지금은 MD들이 신상품을 출시하기 전에 이미 트렌드가 변하기 때문에 소비자들의 반응을 얻을 시간조차 없는 것 같아요. 그래서 소비자들이 외면할지라도 MD가 소신을 갖고 설득할 수 있어야 하는 상황인 거죠. 한마디로 거지 같은 상품도 거지 같지 않게 보이는 능력 같은 거랄까요. 이런 게 지금의 MD에게 요구되는 큰 패러다임의 변화가 아닐까 생각해요.

허 __ 패러다임의 변화에 이커머스가 큰 영향을 미치고 있죠?

S __ 네. 이제는 MD라면 온라인을 배제하고는 생각할 수 없는 시대가 되었죠. 더 정확히 얘기하자면 백화점의 일부 명품이나 골프 브랜드를 제외하고는 오프라인에서 제대로 매출을 낼 수 있는 구조가 아니기 때문에, 온라인을 떠나서는 MD를 할 수 없게 되었어요. 산업의 변화가 MD에게 필요한 역량과 일하는 태도에 큰 변화를 가져오고 있다고 생각합니다.

물론 모든 사람이 네이버나 카카오, 쿠팡의 MD가 될 수는 없어요. 그러면 어떻게 해야 할까요. 내가 작은 브랜드의 MD라면 예전에는 '어떻게 사람들이 좋아하는 상품을 기획할까'가 포인트였다면, 지금은 '어떻게 하면 플랫폼에서 잘나가는 브랜드가 될까'라는 고민을 하나 더 해야 하는 거죠. MD의 본질적인 고민, 즉 상품에 대한 고민보다 오히려 플랫폼 대상의 마케팅에 대해 고민하지 않으면 더이상 MD는 의미가 없어질 것 같아요. AI에 대체될 수도 있는 거고요. 내 고집을 갖고 현재 트렌드를 몸으로 느끼지 않는다면 도태될 수 있다고 생각해요.

기획하는 사람, MD

또한 기존에는 먼저 상품기획을 시작하고 그걸 보여주기 위해 페이지를 만들었다면, 이제는 페이지에 맞는 상품을 개발해 넣는 개념으로 이미 변화하고 있다고 봅니다. 명품 쇼핑도 네이버, 쿠팡, 무신사 등에서 이미 가능해졌잖아요. 대기업도 이제는 스타트업의 마인드로 일하지 않으면 안 되는 것 아닐까 싶습니다.

허 __ 최근에 대기업들의 패션 커머스 인수가 치열했죠. 경계가 없어지고 있는 것 같아요.

S __ 무신사에서 29CM를 인수한 것도 큰 시사점이 있다고 생각해요. 무신사는 잡지 같은 편성 없이, 어떻게 보면 단골 장사하듯이 운영해온 부분도 있는데, 29CM는 잡지 같은 콘텐츠가 강점이죠. 무신사가 29CM의 편집이나 콘텐츠에 대한 능력을 높이 산 것 아닐까 싶어요. 플랫폼에 어울리는 브랜드를 만들어야겠다는 생각을 무신사가 하고 있다고 봅니다. 무신사와 29CM의 조합은 네이버와 카카오 같은 대형 플랫폼에서 받아들여지는 조합이라는 계산도 있지 않았을까요. 잡지 같은 브랜드에 상품 소싱력을 갖춘 것이 중요한데, 예전에는 소싱력이 우선이었다면 지금은 잡지 같은 브랜드가 먼저인 시대로 가고 있으니까요.

앞으로 MD의 역량은 내가 어떤 것을 더 많이 안다는 것이 아니라, 어떤 브랜드를 더 깊게 팔 수 있는지가 더 중요할지도 모르겠어요. 잡지에 피처 에디터, 패션 에디터, 뷰티 에디터처럼 각자의 영역이 있듯이 특정 분야에 능한 MD가 온라인 플랫폼에 대한 이해도까지 있다면 가장 이상적이지 않을까 생각합니다. 이커머스 MD라면 스스로 잡지 편집장이라는 자세로 이 업무를 대해야지, 그저 전단지를 온라인으로 옮겨 넣는다는 식으로 생각하면 과연 일관된 결을 드러낼 수 있을까요? 잘 편집된 잡지처럼 큐레이션의 감도를 올리는 것이 이커머스가 앞으로 가야 하는 방향이라고 생각합니다. 잡지에서는 리스트가 가장 중요하다고 생각하거든요. 보여지는 순서와 콘텐츠의 컬러가 색달라야 고객에게 '넥스트next'를 제안할 수 있다고 봅니다.

허 __ 오프라인 MD를 하다가 온라인 MD를 하면서 MD로서의 관점이 달라진 것도 있는지요?

S __ 오프라인 MD를 하지 않은 온라인 MD는 반쪽짜리 MD일 수도 있겠다는 생각을 때때로 합니다. 고객의 마음을 현장에서 느껴보지 못하고 데이터로만 접하는 사람은 '넥스트'를 기획할 때 한계가 있을 수밖에 없거든요. 오프라인에서는 기획한 상품을 출고하자마자 매장 매니저가 바로 전화해서 신랄한 피드백

을 주잖아요. 고객의 니즈를 파악하지 못했는지 무엇이 문제인지 하루에도 몇 번씩 커뮤니케이션이 이루어지죠.

하지만 오프라인 중심의 사고는 과거인 것 같고, 앞으로는 온라인적 사고 즉 마케팅적 사고를 하지 못하면 도태될 수밖에 없다고 봅니다. 고객이 좋아하는 상품을 캐치하지 못한다면 MD를 할 수 없어요. 예전에는 누군가의 취향이 좋다는 것에서 매출이 나왔지만, 지금은 누군가의 큐레이션이 좋아야 하는 것이 핵심인 것 같아요. 취향의 주체는 '나', 큐레이션의 주체는 '너'인 거죠. 물론 여기서의 '너'는 1.5의 너이긴 하지만요. 이제까지는 취향이 강한 사람이 브랜드 업계를 이끄는 CD 역할을 해왔다면 향후에는 고객에 대한 큐레이션을 하지 못하면 성장할 수 없을 것 같아요. '파리에선 지금 A 브랜드가 트렌디한데 왜 몰라?' 하고 고객에게 강요할 수 있는 시대가 있었죠. 지금은 그런 시대가 아니라는 것, 내가 답이 아니라는 것을 전제에 깔고, 대신 '내가 이 구역의 미친놈'이라는 것을 전제하고 일을 대해야 성장할 수 있지 않을까요. 고객은 내가 생각하는 것과 항상 다르게 움직일 수 있다는 것을 염두에 두고, 고객의 변화를 머릿속에 지속적으로 업데이트할 수 있는 사람이 MD를 해야 한다고 생각해요.

허 __ 타인에 대한 관심이 필요한 일이에요, 정말.

S __ 저는 연애 못하는 사람은 MD에도 소질이 없다고 생각해요. 더 직선적으로 말하자면 첫사랑과 결혼한 사람은 MD를 하면 안 된다고 생각합니다. (웃음) 다른 사람의 니즈를 파악하는 것, 밀당을 잘하는 것, 설령 상품이 좋지 않더라도 좋은 점을 어필할 수 있는 능력 같은 것들이 센스거든요. 이런 사람들이 연애를 잘한다고 했을 때 MD도 비슷하다고 보는 거죠.

허 __ MD가 기획을 잘하려면 어디서부터 시작하면 좋을까요?

S __ MD는 자아가 센 사람이 많잖아요. 내가 최고라 여기면서도 겸손한 것, 자신에 대한 확신을 갖되 트렌드에 대한 확신은 가지면 안 된다고 생각합니다. 일을 해본 사람은 어떤 의미인지 알 거예요. '나는 MD로서 뭐든지 잘할 수 있어. 하지만 내가 트렌드를 가장 잘 알지는 않아.' 이게 굉장히 중요한 포인트인데요. 이 두 가지를 혼동하는 후배들을 종종 봐요. '내가 이 일을 가장 잘 알아, 그러니까 내가 가장 트렌디해'가 아니거든요. 자신의 취향이 마이너지 메이저인지 판단부터 해야 한다고 생각해요. 본인이 주류 취향이라면 비주류까지 끌어들일 수 있을 것인가, 반대로 비주류라면 어떻게 주류 고객층까지 아우르는 기획을 할 것인

가에 대한 고민이 필요하죠. 그 지점에서 기획이 시작되는 거고요. 저는 비주류 취향이 있어서 반대로 좀 더 베이직한 고객을 상상하면서 기획하고, 그 위에 제 취향을 조금 섞어요. 베이직한 스타일의 고객에게 엣지를 주는 거죠. 내가 지금 좋아하는 것들에서 시작해보면 좋겠어요. 만약 '언니네 이발관' 음악을 좋아한다면 왜 이 음악은 주류가 아닌지, 방탄소년단을 좋아한다면 그들은 잘되는데 왜 대부분의 아이돌 그룹은 성공하지 못하는지부터 생각해보는 것이 MD의 시작일 수 있다고 생각해요.

허 __ MD로 일하면서 즐거운 점은 무엇인가요?

S __ 가장 큰 즐거움은 내가 생각한 것을 누군가가 샀을 때 행복감을 줄 수 있다는 것, 어떻게든 사람들의 삶에 영향을 미치는 일을 한다는 성취감이 있어요.

저는 작은 성공이 중요하다고 생각해요. 자신이 기획한 전략상품이 성공했을 때의 희열은 MD만이 느낄 수 있는 것 아닐까요? 길을 가다가 내가 기획한 옷을 입은 사람을 만났을 때의 기쁨, 아시죠? 시즌마다 작은 성공이 쌓이기도 하지만, 반면 기획에 실패했던 악성재고는 기억을 잘 못해요. 사람은 대체로 성공을 중심으로 기억하다 보니까, 그런 면에서 MD로서 재미를 붙이면서 일했던 것 같아요. 생산MD, 기획MD, 바잉MD, 지금 이커머스 MD 까지 다양한 MD 업무와 브랜드들을 운영했던 원동력은 '스텝 포 워드', 즉 앞으로 나아간다는 것이었다고 생각해요.

허 __ 일하는 태도가 중요하다는 생각이 드네요. MD에게 중요 한 태도는 무엇일까요?

S __ 태도 측면에서, MD는 상하좌우를 막론하고 자기주장을 할 줄 아는 사람이어야 한다고 생각해요. 기획한 이유를 논리적 으로 주장할 수 있어야 한다고 할까요. 예전에는 MD의 역량이 더 많은 브랜드, 더 트렌디한 것을 아는 것이었는데 이제는 그런 것들이 사라진다는 것이 몸으로 느껴져요. 누구든 클릭 한 번으 로 정보를 찾을 수 있고 누구나 브랜드의 아카이브에 접근할 수 있기 때문에, 오히려 이 포인트에서 MD에게 중요한 태도는 자 기 고집인 것 같아요. 자기 고집이 없다면 다른 사람의 취향만 따 라다니다 끝나기 쉽죠. 설령 망하더라도, 이유 있게 망하는 것이 MD에게 필요한 자세 아닐까 싶습니다.

허 __ 성장과 일하는 태도는 연결성이 있죠.

S __ '내가 왜 이 일을 해야 해?'라는 생각으로 일하는 사람도

있고, '이거 내가 조금만 더 고생하면 더 빨리 진행될 텐데'라는 생각으로 일하는 사람도 있잖아요. 굳이 분류하자면 저는 워커홀릭 스타일이에요. 예전에는 전자의 경우를 비난한 적도 있어요. 이제는 어느 한쪽을 정답이라고 보지는 않아요. 일을 대하는 방식은 각자가 선택하는 문제라고 생각합니다. 모두가 앞으로 달려갈 수는 없으니까요.

보통 회사에서는 R&R이라고 하죠, 일의 범위와 책임이 중요하잖아요. MD 일을 하면서도 자주 듣는 말이, "이것은 제 일이 아닌데요"예요. 심지어 윗분들 중에도 "이거 우리가 하는 일 아니야. 네가 할 필요없어"라고 말하는 분도 있죠. 일을 잘하고자 하는 사람에게는 맥 빠지는 소리입니다. 회사에서 '내 일'처럼 일하는 이유는 단 하나예요. 그냥 그럴 필요가 있으니까요. 그래야 더 좋은 브랜드가 되고 일이 잘 돌아간다는 것을 아니까 하는 거거든요. 어느 누가 일에 치여 살고 싶겠어요.

기획자가 브랜드를 단순히 매출 도구로만 바라본다면 무척 안타깝죠. 일이라는 것이 굉장히 하찮아지는 포인트는 그저 돈벌이가 되는 순간이라고 생각해요. 물론 노동은 그 자체로 의미가 있지만, 어떤 일을 하든 단순히 회사를 다니는 사람이 된다면 매너리즘에 빠지고 일에 대한 자발적 의욕이 생기지 않잖아요. 저는 일을 하면서 스스로 앞으로 나아간다는 것이 무척 중요해요. 나아감이 없으면 일을 못할 것 같다는 생각을 종종, 아니 자주 합니다.

허 __ 성장 없이 그저 일을 하는 것이 때로는 참 지치기도 하죠. 하지만 이런 성향은 일하면서 현실의 벽에 부딪힐 때도 있어요. 혹시 그런 경험이 있으신가요?

S __ MD의 포인트 중 하나가 이런 것 같아요. 내가 나랑 타협하기 시작하면 본인의 취향도 사라져버릴 수 있다고 생각해요. 모든 사람이 원치 않는 '원 오브 뎀'이 될 수밖에 없는 상황이 생기는 거죠. 조직 내에서 예의는 지키되 본인만의 프로페셔널을 포기하면서까지 조직의 의사를 따를 필요는 없다고 생각합니다. 물론 쉽지 않겠지만요.

MD를 하는 친구들은 무의식 중에 자의식이 높은 사람일 가능성이 많은데, 조직생활을 하다 보면 막막한 상황을 겪기도 해요. 그런 상황에서 벗어나는 방법은 나도 누군가에게는 강성일 수 있다는 사실을 빠르게 인정하는 것이라고 생각해요. 그럼으로써 더 큰 사람으로 성장할 수 있지 않을까요. 아무튼 재미있는 일을 열심히 할 수 있는 게 가장 바람직하다고 생각합니다.

먼저 MD라는 일에 발 들인 사람들의 역할이라면, 나중에 MD로 들어온 분들이 일하면서 느낄 만한 불합리함이나 불편함을 해소해주는 것이라 생각해요. '나 때'는 그랬지만 '너 때'는 안 그랬으면 좋겠다는 사회가 되었으면 좋겠습니다.

허 __ 앞으로 MD를 하고자 하는 친구들에게 한마디 하신다면?

S __ 커리어 플랜을 구상하고 만들면서 저는 이제까지 '모든 것을 잘하는 MD가 되어야지'라고 생각했는데, 앞으로는 한 카테고리의 스페셜리스트로 일하되, 넓은 관심은 온라인 플랫폼에 두는 것을 추천합니다. MD는 머천다이저니까 머천다이징할 수 있는 자신만의 주특기 아이템을 가져도 좋겠죠. 그래야 남다른 상품을 제안하고 매출로 연결할 수 있는 힘이 생긴다고 생각해요.

허 __ 상품기획자로서 브랜드를 다양한 각도에서 다뤄보셨을 텐데, 브랜드란 무엇일까요?

S __ 브랜드는 형태가 없잖아요. 무형을 존재감 있게 만드는 것이 기획하는 사람들의 일이라고 생각합니다. '뭣이 중한지' 파악하는 것이 중요하겠죠. 일을 처음 시작하는 사람들이 흔히 하는 착오가, 우리가 가볍게 보는 어떤 브랜드가 생각보다 더 대단할

수 있다는 것을 간과한다는 거예요. 어떤 브랜드가 되었든 세상에 나오기까지 디자이너 또는 MD들이 얼마나 혼신의 힘을 다했을지 상상되잖아요. 브랜드에 대해 쉽게 평가하는 말을 들으면, 제가 그 브랜드를 직접 만들지 않았다 하더라도 기획한 사람들의 입장을 떠올리면 불편한 느낌이 들어요. '브랜드'가 만들어진 과정이 무시당하는 게 싫다고 해야 할까요?

브랜드가 만들어지는 과정의 소중함에 대해 자주 생각하는 편입니다. 브랜드는 그냥 얻어지는 것이 아니라는 것, 설령 누군가의 눈에 조금 이상하고 멋지지 않을지라도 그 상품이 나온 이유가 있다고 생각하거든요. 브랜드가 품고 있는 스토리를 풀어나가는 과정, 스토리텔링이 곧 브랜드라고 생각해요. 그 이야기가 무슨 의미인지, 고객이 한 번에 알아차리기는 힘들지도 모르죠. 하지만 그 수수께끼 같은 이야기를 끊임없이 하는 것이 브랜드가 아닐까 싶습니다.

허 __ 패션은 앞으로 전망이 있다고 보세요?

S __ 좋아하는 질문이에요. 평소에도 동료들과 같은 주제로 많은 얘기를 나누는데요. 저는 패션업계는 전망이 있다고 생각합니다. 웃긴 얘기지만 AI를 도입했을 때 수지타산이 안 맞기 때문에

그렇다고 생각해요. 사람이 하는 게 더 비용이 적게 들어요. 패션 산업은 예민하고 세밀한 핏이나 컬러, 소재 등을 다뤄야 하는데 AI가 사람을 완벽하게 이해하지 않는 한 힘들다고 봐요. 그러나 그와 별개로 MD가 데이터나 플랫폼에 대한 관심을 갖고 있어야 지, 그저 상품을 만들기만 하는 사람이 되어서는 안 되겠죠. 일명 '양장점 아저씨'가 되지 않으려면 플랫폼과 마케팅에 대한 관점 이 더 필요한 것 같아요.

허 __ 트렌드 공부는 어떻게 하세요?

S __ 음… 저는 가급적 압구정에서 약속을 잡으려고 해요. 회 사 근처이기도 하고요. 이전에는 효자동에서 만났거든요. 사람들 의 라이프스타일을 관찰해야 하는 직업인데, 잡지는 내가 보고 받아들여야 하잖아요. 그런데 큰 길가에 나가서 20대들의 스타일 을 보면 '아 저게 트렌드구나' 하고 1분이면 깨달을 수 있어요. 이 때 동네를 선택하는 기준이 맛집 동네가 아니라 클럽 동네를 가 는 게 중요해요. 물론 기획을 해봤기 때문에 스크리닝이 되는 거 겠죠.

트렌드는 파페치나 인스타그램으로 공부하고 알아가는 게 아 니라는 말을 하고 싶어요. 사진을 보고 공부해서 알 수 있는 건 아니거든요. 사소하게는, 패션MD라면 오늘 출근 복장의 컨셉을 설명할 수 있어야 해요. 본인이 입은 옷의 컨셉조차 설명할 수 없다면 MD는 하지 말아야 한다고 감히 얘기하고 싶네요. 저는 오늘 인터뷰라서 깔끔하게 입어야 할 것 같은데 그래도 엣지를 놓치지 않으려고 핑크 로퍼를 신었거든요. 한끗이 고객을 움직이고 매출로 연결돼요. 그 감도를 알아채는 것이 기획하는 데 중요한 포인트라고 생각합니다.

허 _ 그러고 보니 오늘 패션 컨셉이 비슷하네요. 저도 깔끔한 비즈니스 캐주얼에 그린색 플랫슈즈를 신은 것처럼요. TPO에 대한 강약을 조절할 수 있는 센스가 MD에게 중요한 것 같아요. 오늘 인터뷰 즐거웠습니다. 감사합니다.

S _ 네, 저도 많은 부분을 공감하면서 일에 대한 이야기를 나눌 수 있어서 즐거웠습니다.

콘텐츠를 전달하는 힘, 브랜딩

패션 브랜드 콘텐츠 기획자 A

30대 초반의 지인 A는 독특한 경력의 소유자다. 패션 디자이너로 커리어를 시작해서 기획MD, 이커머스 MD를 거쳐 현재는 콘텐츠 기획을 하고 있다. 자기 사업을 했던 경험으로 신규사업에도 익숙한 일당백 기획자.

허 __ 인터뷰에 응해주셔서 감사합니다. 커리어 중심으로 간략한 소개를 먼저 부탁드려요.

A __ 네, 저는 패션 브랜드에서 콘텐츠 기획을 하고 있습니다. 일한 지는 7년 정도 되었는데 주로 패션을 중심으로 기획하는 일을 하고 있어요. 이직과 전직을 하면서 다양한 일을 한 편이에요. 처

음 대학교를 졸업하고 했던 일은 디자이너였어요. 그러다 같은 회사에서 이커머스 자사몰을 론칭하면서 MD를 하게 되었고, 스타트업에서는 기획MD를 했습니다. 엔터테인먼트 회사로 이직해서 패션뿐 아니라 뷰티, 식품 등 라이프스타일 전반에 관련된 상품을 만드는 일을 했고, 현재 회사에서 이커머스 MD를 하다가 콘텐츠 기획을 하고 있어요.

허 __ 정말 다양한 회사와 업무를 거치셨네요. 디자이너로 시작했다가 다른 직무로 변경한 이유나 계기가 있을까요?

A __ 지금 생각해보면, 대학교 때 진로에 대해 큰 고민을 하지 않았어요. 내가 무엇을 좋아하는지 생각했을 때 막연하게 떠오른 것이 패션이었고, 관련 전공을 했으니 디자이너를 해야겠다는 단순한 생각이었죠. 그런데 막상 디자이너를 하면서 즐겁다는 생각을 한 적이 없더라고요. 분명 의미 있는 일인데도 제게는 한 가지 작업을 반복하는 느낌이 있었다고 할까요? 아마 성향 탓인 것 같은데, 저는 인풋이 바로 아웃풋으로 나오는 일을 더 좋아하고 흥미를 느꼈어요. 디자이너를 하다가 이커머스 MD를 하게 된 건 우연한 기회 덕이었지만, 그 계기로 스스로에 대해 조금씩 규정해갈 수 있었던 것 같아요. 물론 아직도 100%는 모르지만요. 비슷

한 의미로 지금 만약 저에게 한 종류의 일만 하라고 하면 답답할 것 같기도 해요. 기획했던 의도대로 상품이 나오고 그대로 고객에게 전달되는 과정까지 컨트롤할 수 없으면 기획이라는 일에 대한 성취감이나 즐거움을 느끼기 힘들겠다는 생각도 하고요. 이커머스 MD를 하다가 스타트업에서 기획MD를 하기 전에는 제 사업으로 브랜드를 론칭해서 운영해보기도 했어요.

허 _ 회사를 다니다가 사업을 해본 경험은 어땠나요?

A _ 지금 와서 생각해보면 사업하면서 참 즐겁게 일했어요. 결과에 대한 책임이 오롯이 제 몫이라는 것이 때로는 스트레스였지만 그만큼 자유가 있으니까요. 디자이너와 이커머스 MD를 한 후에 시작했던 터라 적어도 어떻게 상품을 만들고 온라인 플랫폼에서 판매해야 하는지에 대한 방법은 알고 있었어요. 하지만 사업을 하면서 한계를 느낀 점이 분명히 있었죠. 이를테면 브랜드를 단단하게 만들어가는 것에 대해 심도 있는 고민은 못했어요. 당장의 매출을 내는 방법을 알고 결과도 좋았지만, 진짜 브랜드가 되는 건 또 다른 얘기니까요. 결국 사업을 접었는데, 뭐든 버릴 경험은 정말 없다고 생각해요.

허 _ 버릴 경험이 없다는 말 공감합니다. 지난 경험을 배움으로 저장해놨다가 언젠가 사용하는 것도 일하는 태도라고 생각해요.

A _ 경험을 해봐야 지난 경험의 의미도 조금씩 알게 되는 것 같아요. 사업할 때 퍼포먼스 마케팅에 대한 강의도 많이 들었는데 막상 일하느라 바쁘다는 핑계로 실전에 대입해보지는 못했거든요. 오히려 요즘 콘텐츠 기획자로 일하면서 그때의 공부가 도움이 되고 있어요. 과거의 배움이 어떤 계기를 만났을 때 힘을 발휘하게 되는 것 같아요.

사업에서 실패했던 경험이 새로운 세상을 보는 눈을 키워주고 마음먹은 일에 도전할 수 있게 해주었어요. 그다음에 이직한 회사들에서는 주로 신규 브랜드에서 기획하는 일을 하게 되었으니까요. 아마 사업에 성공했더라면 '브랜드가 무엇일까', '어떻게 일해야 하는 것일까' 이런 고민을 할 기회가 없었을 것 같아요. 어쩌면 그저 매출이 잘 나온다는 이유로 브랜드를 망치는 행동을 하면서도 뭘 잘못하고 있는지 전혀 모르는 사장님이 되어 있을지도 모르겠어요. 생각만 해도 끔찍하네요. (웃음)

허 _ 사업 이후에 어떤 관점을 갖고 일했는지 궁금해지는데요. 이전에 일할 때와 어떤 차이가 있었나요?

A _ 가장 큰 차이는 나무만 보다가 숲을 보게 되었다는 점이에요. 디자이너로 일할 때만 해도 상품이 만들어진 후의 다른 과정에 대해서는 깊게 고민한 적이 없었어요. 트렌드에 맞는 멋진 상품을 디자인하면 그만이라고 생각했죠. 내가 디자인한 상품이 실제로 매장에서 어떻게 연출되고 판매될지, 온라인에서 어떤 이미지로 고객에게 보여질지, 상품이 어떤 스토리로 표현되고 고객이 받아들일지 개념이 없었어요. 상품기획만 하는 단계에서 끝나고, 그 이후를 상상하면서 내가 하는 일에 대입해보고 수정하는 과정이 없었던 거죠.

사업을 한 후에는 스타트업에서 기획MD를 하면서 자연스럽게 모든 과정을 보게 되더라고요. 브랜드의 1부터 10까지 프로세스가 있다고 한다면, 전체를 챙겨야 매출이 난다는 것을 몸소 경험했으니까요.

허 _ 의외로 전체를 보면서 일하는 태도를 가진 사람이 흔치 않은 것 같아요. 왜 그럴까요?

A _ 각자 담당한 업무만 잘하면 결과물은 당연히 좋겠지 하는 막연한 생각 때문인 것 같아요. 회사에서 각자 내 할 일만 잘하면 된다는, 어떻게 보면 '옳다고 생각되는 태도'가 모여서 애초 기

획과 전혀 다른 엉뚱한 방향으로 결과가 나오잖아요. MD의 경우 '나는 상품기획 담당이니까 생산 이후에 대해서는 마케팅팀이 알아서 하겠지? 마케팅 잘해주세요'라는 식의 태도죠. 상품기획을 하면서 브랜드 전체 프로세스에서 내가 하는 일이 어느 부분에 위치하고 유기적으로 어떤 역할을 해야 하는지 생각해야 좋은 결과물이 난다고 생각해요.

제가 다녔던 첫 회사에서는 디자이너에게 판매율을 자주 이야기했어요. 심지어 야근하면 재고 만들지 말라고 했거든요. 그때는 왜 그렇게 말하는지 이해를 못했지만, 지금 생각해보면 회사 전체가 영업 마인드를 갖고 있었기 때문에 브랜드가 지속적으로 성공한 것 같아요. 각자 역할에만 심취해서 일하다 보면 브랜드는 고객에게 가닿지 못하고 개개인이 예술을 하는 상황이 오는 거 아닐까요. 고객이 어떤 상품을 받는지 상상하면서 일하지 않는다면, 각자 일을 열심히 하는 것은 아무 의미가 없는 시대가 오고 있다고 생각합니다.

트렌드에 관한 한 저도 '요즘 사람'이 아니라고 생각해서 공부를 많이 해요. 10대, 20대들이 어떤 플랫폼을 사용하는지 직접 경험해보고 상품을 어떻게 판매해야 하나 고민하죠. 그럴 때마다 강하게 드는 생각이 있어요. 이젠 브랜드 전체를 '처음부터 끝까지' 연결성 있게 챙기는 누군가가 있어야 하는구나 싶어요.

허 __ 정말 공감해요. 상품기획을 넘어 결국 어떻게 판매하는지까지 챙기는 것이 중요한 포인트 같아요.

A __ 네, 맞아요. 그런 이유로 이커머스 플랫폼에서 상품기획을 하면서 마케팅에 대한 욕구가 커졌어요. 그래서 마케팅으로 인정받는 커머스로 이직했어요. 그런데 일에 대한 접근이 전혀 다른 거예요. 옛날 회사와 요즘 회사의 차이는 '상품이 좋으면 판매는 된다'에서 상품도 좋아야 하지만 그 이후에 '어떻게 팔아야 하느냐'에 집중하는 차이라고 봐요. 합리적인 가격과 퀄리티 좋은 상품이 인정받을 거라는 제조 중심의 사고로 상품을 바라보는 것이 아니라, CPC cost per click를 높여서 최대한 많은 사람에게 노출되고 입소문을 타면 구매할 수밖에 없다는 것을 전제로 접근하는 거죠. 상품에 대한 깊이보다는 접점을 늘리는 데 더 집중하는 형태라고 해야 할까요. 최근 이커머스 기반으로 성장한 브랜드들의 특징이기도 한 것 같아요.

허 __ 그럼에도 불구하고 상품의 본질이 안 좋으면 브랜드가 오래갈 수 있을까요?

A _ 일을 하면서도 본질에 대한 불안감은 있어요. 마케팅을 잘하는 회사니까 R&D를 하면 더 잘될 텐데 하는 아쉬움이 있죠. 지금은 상품의 본질보다는 카테고리 확장을 하는 단계인데, 잘 모르겠어요. 이렇게 확장해서 매출만 나오면 되는 건지, 그게 브랜드인 건지. 브랜딩이 뭘까에 대해 생각을 요즘 정말 많이 해요. 브랜드의 본질에 대해서요. 생각이 꼬리를 물고 이어지다 보면 결국 상품이 브랜드의 본질이라고 생각해요. 상품이 좋지 않다면 마케팅으로 일정 기간은 포장할 수 있겠지만, 그 마케팅은 결국 거품이 된다고 생각하거든요. 한계가 명확한 거죠.

허 _ 브랜딩과 매출, 두 가지를 모두 잘하려는 고민이 기획하는 사람의 일인 것 같아요.

A _ 브랜드답게 만드는 일과 매출을 내는 일은 닭이 먼저냐 달걀이 먼저냐의 문제 같아요. 브랜드 아이덴티티와 브랜드의 기준을 명확히 정해도 매출이 나오지 않는다면 브랜드로서 의미가 없는 거니까요. 반대로 매출은 잘 나오는데 브랜드로서의 모습이 아닌 상황도 문제가 있겠죠. 좋은 브랜드를 만든다는 것은 이 둘의 균형을 잘 유지하는 것, 초기에 정립한 브랜드의 기본을 잊지 않고 지켜가는 것이라고 생각해요. 브랜드 아이덴티티 없이 경쟁 브

랜드의 장점을 조금씩 가져와서 매출만 내면 된다는 발상은 가장 경계해야죠. 이건 비단 상품만의 문제가 아니라 마케팅이나 콘텐츠에서도 마찬가지인데요, 콘텐츠가 스토리나 맥락이 없거나 매체와의 연결성이 없다면 아무리 화려한 마케팅을 해도 결과가 좋지 않아요. 고객에게 전달하고자 하는 브랜드 메시지가 정립되어 있지 않은 것, 멋지기만 하고 고객에게 와닿지 않는 브랜딩을 하는 것이 문제라고 생각합니다.

사람들이 어떤 브랜드나 콘텐츠에 열광하는 이유는 일관되고 지속적인 것에 있다고 보거든요. 브랜드의 현재 모습과 브랜드가 지향하는 바의 차이, 그 갭을 알아채고 줄여가는 활동이 브랜딩이라고 생각해요. 브랜딩을 해나갈 때는 리더나 담당자 중심이 아니라 고객, 그러니까 대상이 중심이 되는 것이 정말 중요합니다.

허 __ 그러면 콘텐츠란 무엇일까요? 콘텐츠 기획자로서 어떻게 일을 하는지도 궁금합니다.

A __ 리테일 비즈니스의 모든 메커니즘은 동일한 것 같아요. 패션으로 예를 들면, 디자이너는 옷을 잘 만드는 역할이고 기획MD는 고객이 상품을 구매할 수 있는 구조를 짜는 사람이겠죠. 온라인 MD는 경쟁사와 가격비교를 하고 상세 페이지에서 상품을 어

떻게 어필할지 기획하고요. 콘텐츠도 MD의 관점과 크게 다르지 않아요. 고객과 상품의 연결성을 잇는 일이라고 할까요. 상품을 마케팅하기 위한 이미지나 영상에서 고객을 설득할 수 있는 지점을 잡아내는 일이라 생각해요. 상품과 고객 사이에서 스토리를 짜는 것. 이를테면 신축성 있는 팬츠의 콘텐츠를 기획한다면 신축성의 정도를 고객에게 어떻게 잘 전달할지에 대해 고민합니다. 상품에 대한 스토리를 분석하고 고객 관점에서 전달하는 방법을 기획하고 영상의 씬, 콘티를 짜면서 상품이 보여지는 디테일의 각도를 조정해야 해요.

엉뚱한 비유일지도 모르겠지만 저는 가끔 이 일이 '매장에서 판매 잘하는 언니'가 고객에게 상품에 대해 설명하는 것과 같다고 생각할 때가 있어요. 오프라인에서 고객에게 말을 건네는 행위가 이미지, 동영상 그리고 라이브커머스로 넘어간다고 보거든요. 어차피 이 모든 기획은 상품을 고객에게 파는 것이니까요. 상품의 특징을 여러 각도로 반복해서 보여주면서, 새롭게 보이게끔 만드는 것이 콘텐츠 기획자가 해야 할 일인 것 같아요. 사실 기본적인 상품은 디자인과 특성이 크게 다르지는 않잖아요. 지금 출시되는 브랜드들의 기본 반팔 티셔츠 디자인이 예전과 얼마나 다를까요? 상품의 장점 또는 어필하고 싶은 부분을 더 부각해서 잘 설득하는 사람이 MD나 콘텐츠 기획자로서 일을 잘할 수 있다고 생각해요.

허 _ 결국 리테일 비즈니스에서 모든 일의 목적은 브랜딩과 매출로 연결된다는 생각이 드네요.

A _ 맞아요. 콘텐츠를 기획하면서 스스로 생각하는 저의 미션은 '브랜드가 어떻게 브랜드답게 보여지게 할 것인가'거든요. 우리 브랜드에 어울리는 적정 감도를 어떻게 표현하느냐의 문제라고 생각해요. 고객이 우리 브랜드에 원하는 '선'을 알아채는 게 감도고요. 이유 없이 멋져 보이는 기획은 아무 의미가 없잖아요. 대중의 접근성을 만들어내는 콘텐츠를 뽑아내는 능력이 가장 중요합니다. 엔터테인먼트 회사에서 상품기획과 콘텐츠 기획을 함께할 때에는 무조건 멋있게 보여야 한다고 생각했어요. 〈보그〉가 울고 갈 만한 콘텐츠! 이런 식으로요. 하지만 좋은 콘텐츠와 브랜드는 기준과 대상이 고객, 대중에게 있어야 한다는 것을 일하면서 알게 되었어요. 고객에게 와닿는, 구매욕구를 불러일으키는 명확한 포인트를 중심으로 기승전결의 요소들을 배치하는 것. 브랜딩과 매출 두 가지를 잡기 위한 기본이라고 생각합니다.

허 _ 오프라인 온라인 모두 경험하셨잖아요, 일하는 방식의 차이가 있다면 어떤 점일까요?

A _ 이제는 이커머스, 그러니까 온라인 환경을 모르고선 기획이나 브랜딩을 할 수 없잖아요. 다른 특성의 두 세계가 하나로 연결되는 시점이기도 하죠. 재미있는 것은 온라인 세계의 일을 대하는 촘촘함이 오프라인보다 느슨한 느낌도 있어요. 텐션이 다르다고 해야 할까요. 그 이유를 생각해봤는데, 온라인은 오프라인처럼 현장에서 느끼는 긴장감이 덜해서인 것 같아요. 물론 회사나 사람마다 차이는 있겠지만요.

이를테면 같은 온라인MD라도 오프라인 경력이 있는 MD는 먼저 날씨를 봐요. 다음주 기상청 예보에 따라 온라인의 상품 전시나 배치를 바꾼다든지 고객의 액션을 미리 예상하고 기획을 수정하는 식이죠. 꼭 패션이 아니더라도 날씨, 고객 동향, 경쟁사 분석, 매출분석, 상품 전시 등 세세한 것을 챙기는 편이에요. 하지만 온라인에서만 일했던 MD들은 온라인이라는 가상공간에서 해야 할 일을 하는 데서 끝나는 경우가 종종 있어요. 오프라인에서 실재감을 느끼면서 일했던 MD는 매장에 수시로 나가고 실물 상품을 직접 만지고 매장의 매니저와 이야기를 하잖아요. 온라인에서만 일한 MD는 상품과 고객을 염두에 두고 고민하고 끝까지 일하는 면은 조금 덜한 것 같아요. 상대방의 피드백을 예상해서 기획을 미리 준비하는 것이 중요한데 이런 점이 아쉬운 부분이에요.

온라인이니까 상품을 올려놓으면 고객들이 알아서 검색해서 구매할 거라고 생각하는 사람과, 고객 관점에서 상품 전시를 변경하고 새로운 브랜드 기획을 고민하고, 온라인을 오프라인이라고 생각하고 세세한 것을 조정해가면서 운영하는 사람과는 큰 차이가 있는 거죠. 지금 온라인MD는 온라인을 오프라인처럼 생각하고 VMD, 콘텐츠, 마케터의 마인드를 동시에 갖춰야 해요. 그래야 고객이 플랫폼에서 쇼핑하는 가치를 느끼지 않을까요. 일하는 사람이 스스로 상품의 재고 한 장까지 브랜드라고 느끼면서 일하는 것과 그냥 여러 브랜드의 상품들을 연결해주는 유통 플랫폼이라고 인식하고 일하는 것은 완전 다른 차원이거든요. 일을 대하는 태도가 다르면 당연히 결과도 다르겠죠. 몸담고 있는 회사의 목표가 단지 매출달성이라면 슬플 것 같아요. 그렇다면 브랜드는 브랜딩이 되지 않고, 그저 매출에 일희일비하는 도구로 남을 테니까요.

허 _ 어떤 일이든 기본이 중요한 것 같아요. 일하는 원리를 깨친 사람은 한 가지 일뿐 아니라 뭐든 잘할 수 있다고 생각하는데요, 일을 대하는 자신만의 태도가 있다면 무엇인가요?

A _ 저는 새로운 일이 떨어졌을 때, 머릿속에 어떻게 일을 풀어 내겠다는 그림을 그리고 언제, 무엇을 하면 결과물이 잘 나오겠 다는 것이 잘 그려지는 편이에요. 한번 시작한 일은 끝을 보기 위 해 몰입하는 편이기도 해요. 회사에서 주변 분들이 가끔 저에게 왜 그렇게까지 열심히 하는지 이해가 안 된다고 하는데요. 옳고 그른 문제라기보다는 일을 대하는 태도를 선택하는 것이라고 생 각해요. 점심시간에 짬을 내서 운동을 하거나, 좋아하는 시간을 끼워넣어서 '해야만 하는 일'을 재미있게 끌고 가는 것이 제 방식 이에요. 정말 생각의 차이 같아요. 같은 일이라도 내가 재미있게 할 수 있는 환경을 만들어서 성과를 내는 사람과 그냥 회사니까 다니는 사람의 차이가 여기서 나는 거죠.

회사에서 일할 때 버티면서 하는 사람, 원하지 않는 일을 하는 사람의 마음은 점점 지쳐가지 않을까요. 일의 기준이 '내가 어디 까지 해야 욕을 안 먹는지'가 된다면 너무 슬프잖아요. 혼나지 않 기 위해 하는 일의 결과물이 수준 높을 수는 없겠죠. 일에 대한 자신감, 자기확신을 기반으로 일을 대하는 태도가 중요하다고 생 각합니다. 물론 그 과정에서 실수도 하고 성장도 해나갈 테고요.

허 __ 일을 하면서 성장하게 되는 변곡점은 무엇일까요?

A __ 좋지 않은 상황에도 자기 자신을 돌아보는 사람이 성장한다고 생각해요. 안 좋았던 상황에서 얻은 일종의 '교훈'을 이후 상황에 적용해보면서 한 단계 나아간다고 할까요. 지금 회사로 이직한 이유도 스스로 부족하다고 생각되는 부분을 채우고 업그레이드하기 위해서였어요. 내가 부러뜨리고 싶은 부분이 다음 회사나 일을 선택하는 기준이 되었죠. 내게 뭐가 부족한지, 그것을 채우기 위해 '깊은 빡침'을 활용해 넥스트 커리어로 나아가는 것, 그게 도전과 성장을 한 변곡점이 아니었을까 싶어요.

허 __ 오늘 인터뷰 감사합니다. 마지막으로, 기획하는 일을 하려는 분들에게 해주고 싶은 말이 있다면 부탁드려요.

A __ 기본적인 일 센스는 타고나는 부분도 있겠죠. 성향 같은 것들이죠. 하지만 일을 하면서 노력에 따라 달라지는 부분이 분명 있거든요. 그 노력에 따라 내가 원하는 만큼 뻗어나갈 수 있는 일이 기획이라고 생각합니다. 매력적으로 보여줄 수 있는 센스가 중요하고, 그런 의미에서 자신을 잘 표현하는 것도 필요하다고 봐요. 이를테면 옷을 입는 것부터 시작되지 않을까요. 거기에 성실함이 더해지고, 일하면서 수집한 단서들이 모여서 비로소 빛을

내는 것 같아요. 다양한 경험도 물론 중요하고요. 저 또한 여러 가지 일을 하면서 '나는 끈기가 없나' 잠시 고민했던 적도 있어요. 하지만 이젠 다능인의 시대라, 한 가지 일만 하는 것보다는 다양한 관점으로 문제를 바라보고 해결할 수 있는 능력이 중요하다고 생각해요. 틀에 갇히지 않고 자신을 발전시켜 나간다면 어디서 무얼 기획하든 좋은 기획자가 될 수 있으리라 믿습니다. 저도 진행중이고요. 오늘 인터뷰 저도 감사합니다.

지평집에서 시작된 이야기

몇 해 전 가을, 거제도행 버스를 예약했다. 캐리어에 대충 짐을 싸고 아이와 남편에게는 잠시 양해를 구하고 여행길에 올랐다. 난생처음 가보는 거제도. 목적지는 '지평집'이라는 숙박공간이었다. 땅속으로 스며든 듯한 '지평집'의 사진을 보고 언젠가 머물렀던 토스카나의 농가민박이 떠올랐다. 치열하게 일하다 보면 자연 속 공간이 주는 위안이 필요할 때가 있다.

거제도에서 지평집이 있는 가조도까지는 시내버스를 타고 한 시간쯤 더 들어가야 한다. 덜컹거리는 버스 안에서 동네분들끼리 하는 이야기를 엿들으며 해안도로를 달리는 신선한 경험, 멍하니 바다를 보다 보니 어느새 목적지에 도착했다.

지평집에 머무는 동안 한 일이라곤 멍하니 자연을 보고 글을 끼적이는 것뿐이었다. 열정을 다했던 일에 대한 상실감으로 찾아갔던 곳에서 애써 지난 일의 기쁨을 꺼내 쓰기 시작했다. 생각과 단어는 뒤엉켜 가시처럼 삐죽하게 나왔다. 방구석이 답답해지면 투숙객들이 이용하는 카페로 나갔다. 사장님이 정성스레 만든 에이드를 마시며 넓게 트인 창밖 자연을 보는 것만으로도 "아, 좋다"는 말이 절로 튀어나왔다. 음질 좋은 스피커에서는 지평집을 테마로 제작된 음악 〈바다의 집, 땅의 집〉이 흘러나왔다. 흐린 날씨에 쓸쓸한 선율이 어우러져 따뜻했다. 문득 궁금해졌다. 어쩌다 인적 드문 섬 끝자락에 이토록 정성스러운 공간을 만들게 되었는지.

저녁으로 배달시킨 회를 사장님에게 나눠드리다가 우연히 지평집을 기획한 이야기를 나누게 되었다. 한적한 곳, 원하는 모양의 땅을 찾는 데에만 몇 년이 걸렸다고 했다. 구석구석 얼마나 마음을 다해서 이곳을 만들었을지, 기획하던 이야기를 꺼낼 때 그의 반짝이는 눈빛에서 알 수 있었다. 우연히 투숙객 몇 분이 자리를 함께했다. 와비사비WABI-SABI 내추럴 와인을 들고 온 덕에 세꼬시와 화이트 와인, '무언가를 만든다는 것'을 이야기하는 근사한 저녁시간이 되었다. 좋은 장소를 보여주겠다는 사장님의 제안에 다들 와인 잔을 들고 뒷마당으로 갔다. 진공상태 같은 고요함, 새까만 밤하늘에는 무수히 많은 별이 반짝이고 있었다. 한동안 말없이 그 순간을 음미했다.

무에서 유를 만든 경험들을 서로 나눈 그날, 무언의 위로가 되었다. 완벽하지는 않더라도 본질적인 것을 추구하는 와비사비의 정신처럼, 괜찮다고, 최선을 다했으면 됐다고 말해주는 듯했다. 지평선 아래로 스며드는 공간, 그곳에서 이 책의 처음을 시작했던 기억이 새삼 고맙다.

책을 쓰는 동안 '기본'이라는 단어가 내내 맴돌았다. 기초 설계가 튼튼한 건축물, 작고 허름한 가게에서 매일같이 정갈한 음식을 만드는 정성처럼. 빠르게 변화하는 환경에서 고객에게 가치를 전달하기 위해 중요한 것은 '기본'에 충실한 태도라는 것을, 덕분에 곱씹고 돌아보게 되었다.

20여 년간의 커리어 경험이 정답이 될 수는 없다. 단지, 더 나은 결과물을 만들기 위해 고민했던 지점들을 나누고 싶었다. 또한 MD를 하고 싶은 분들이 다양한 이야기를 들을 기회가 많지 않은 현실에 조금이나마 보탬이 되고 싶었다. MD로 일하기 전에, 혹은 MD로 일하는 동안 물어볼 곳 없었던 질문들에 대한 답이 되었기를 바라본다. MD뿐 아니라 다양한 직무를 경험했기에, 이 책은 MD에 대한 스킬만을 이야기하는 책은 아닐지도 모르겠다. 브랜드, 상품, 공간, 서비스 무엇이든 진심을 전하는 기획을 하는 사람들의 기록이 된다면 좋겠다. 방향이 바르다면 조금 서툴러도 원하는 목적지, 좋은 기획에 닿는다고 생각한다.

냉철하고도 따뜻한 시선을 가진 북스톤과의 작업은 책이라는 결과물을 넘어 감사한 마음이다. 용기와 두드림이 통하는 지점에서 새로운 만남과 희망이 생겨난다는 걸 알게 되었다. 감정이 앞선 다듬어지지 않은 글에 목적을 불어넣어준 편집 덕분에 이 책이 나올 수 있었다. 같은 업계에서 항상 든든한 동반자로, 응원해주는 남편과 아들 윤승이, 가족들에게 사랑과 감사를 전한다.

어쩌면 이 책을 지평집에서 시작했던 건 우연이 아니었는지도 모르겠다. 책과 씨름하고 있던 어느 봄날, 북스톤 실장님에게서 연락이 왔다. "어머, 저 지금 지평집이에요! 블로그에 쓰신 지평집 글 보고 깜짝 놀랐잖아요." 사소한 시도들이 소중한 의미가 된다. 기획도, 고객경험을 설계하는 일도 작은 진심에서 시작되는 것처럼. 자연스럽고 근원적인 풍경을 담은 지평집이 이 책의 처음과 마무리를 추억으로 함께해주었다.

바람에 흔들리는 갈대가 마주치는 소리를 들으며 지평집 카페에서 읽던 책의 한 구절이 생각났다.

"인생의 파도를 만드는 사람은 나 자신이다. 보통의 사람은 남이 만든 파도에 몸을 싣지만, 특별한 사람은 내가 만든 파도에 다른 많은 사람을 태운다." (이병률,《혼자가 혼자에게》)

마치 MD, 기획하는 모든 사람들에게 하는 이야기 같았다. 공들여 만든 파도에 사람들을 태우고 영감을 줄 수 있기를. 브랜드를 만들면서 경험했던 작은 성공과 실패가 누군가에게 도움이 되기를 희망한다.